Marcus Damm

Nervensägen –
und wie man mit ihnen klarkommt

Marcus Damm

Nervensägen –
und wie man mit ihnen
klarkommt

HERDER

FREIBURG · BASEL · WIEN

Originalausgabe
© Verlag Herder GmbH, Freiburg im Breisgau 2009
Alle Rechte vorbehalten www.herder.de
Umschlagkonzeption und -gestaltung:
Groothuis, Lohfert, Consorten | glcons.de
Umschlagfoto: © Gettyimages/Fotolia

Satz: fgb · freiburger graphische betriebe
Herstellung: CPI-Clausen & Bosse, Leck

Gedruckt auf umweltfreundlichem, chlorfrei gebleichtem Papier
Printed in Germany

ISBN 978–3-451-29931-5

Inhalt

Einleitung

Jeder von uns trifft im Alltag auf Menschen, mit denen umzugehen für ihn nicht so ganz leicht ist. Er empfindet sie als „schwierig", und alltagssprachlich hat sich eingebürgert, von „Nervensägen" zu sprechen; es mögen durchaus liebenswerte Menschen sein, doch irgendwie gehen sie einem halt auf die Nerven. Wir alle wissen zwar, dass die Menschen verschieden sind, aber manchmal sind sie so verschieden, dass das Zusammenleben Mühe macht, dass es schwierig ist. Darum sprechen wir auch von „schwierigen Menschen". Da die Unterschiede gegenseitig so spürbar sind, können wir durchaus davon ausgehen, dass sie ihrerseits uns als schwierig erleben. Diese Erkenntnis, die wir in einer ruhigen Stunde der Selbstreflexion durchaus haben können, hilft uns aber nicht viel weiter. Fairerweise dürften wir eigentlich gar nicht von schwierigen Menschen reden, sondern davon, dass das Zusammenleben unter verschiedenen Menschen bisweilen sehr schwierig sein kann. Auf der anderen Seite brauchen wir alltagstaugliche Strategien, die uns helfen, mit solchen Situationen, das heißt auch, mit solchen Menschen umzugehen. Hierfür ist dieses Buch geschrieben. Wenn also auf den folgenden Seiten immer wieder von „schwierigen Menschen" die Rede ist, so soll damit keine Abwertung oder Verurteilung dieser Menschen verbunden sein. Es ist lediglich Ausdruck unserer subjektiven Erlebnisweise, die in der jeweiligen Situation die Wirklichkeit zugegebenermaßen vereinfacht. Dies sei ausdrücklich vorausgeschickt, wenn wir in diesem Buch von „schwierigen Menschen" sprechen und Möglichkeiten und Formen des Umgangs darstellen.

Wir haben das Gefühl, dass uns solche Menschen einfach überall begegnen können: auf der Straße, in der Schule, am Arbeitsplatz, in Gaststätten und Diskotheken. Manchmal muss man sogar mit ihnen auf engstem Raum zusammenleben. Vieles ist uns unverständlich in ihrem Tun und Verhalten. Wir durchschauen sie nicht so recht, sei es der Partner, der Chef, seien es die Eltern, die Arbeitskollegen oder Kunden. Wir erleben die zwischenmenschliche Begegnungen mit ihnen als eine Art Lotterie: Man weiß nie so recht, wie ein Gespräch verlaufen und enden wird. Wir alle kennen solche Situationen: Wir fühlen uns gepiesackt von notorischen Nörglern oder genervt durch übertriebene Selbstdarsteller, durch unverständliche Grobheiten oder unzugängliche Einzelgänger; mit anderen haben wir Probleme, weil sie extrem empfindlich und blitzschnell gekränkt sind, ganz egal, ob man sie mit Samthandschuhen anfasst oder nicht. In solchen Situationen, mit solchen Menschen fühlen wir uns oft ratlos.

Wir sind rasch bei der Hand mit Bemerkungen wie: „Ach, der ist halt gestört!" Oder: „Hat halt 'nen Schuss!" Doch aus Erfahrung wissen wir, dass uns das auch nicht weiterhilft. Im Gegenteil, man provoziert unbewusst durch solche Abqualifizierung und verschärft den Gegensatz, wird also umgekehrt für den Andern *selbst zur schwierigen Persönlichkeit.*

In diesem Buch stellen wir hilfreiche Verhaltensweisen für kritische Situationen im Umgang mit schwierigen Menschen vor. Sie beruhen auf wissenschaftlichen Ergebnissen der heutigen Psychologie. Es sollen Sozialkompetenzen für den ganz normalen Alltagswahnsinn vermittelt werden. Mit den hier empfohlenen Techniken, die auch von Psychotherapeuten praktiziert werden, lässt sich größerer Schaden abwenden, des Öfteren auch unmittelbar Sympathie hervorrufen, aber insbesondere mehr „Frieden stiften".

Ein weiteres Ziel ist die Vermittlung von Toleranz und Verständnis schwierigen Menschen gegenüber. Warum gerade Verständnis? Weil alle Menschen ihre besonderen Verhaltens- und Reaktionsmuster vor dem Hintergrund ihrer jeweiligen Lebensgeschichte und ihrer frühen Lebenskonflikte herausbilden. Jeder hat seine Gründe dafür, dass er ist, wie er ist. Wenn wir Einblick in die Entstehungsbedingungen von Charakteren – sei es bei uns oder bei anderen – gewinnen, bekommen wir damit auch mehr Verständnis für das sonst Unverständliche.

Zum Aufbau. Zuerst (*Grundlagen*) werden die wissenschaftlichen Rahmenbedingungen erläutert. Danach geht es um symptomatische Angewohnheiten verbreiteter „Verhaltenstypen" (*Kleine Typologie*). Diese sind u. a. aufgeführt in den beiden wichtigsten psychiatrischen Diagnosekatalogen: DSM-IV (Diagnostisches und Statistisches Handbuch psychischer Störungen) und ICD-10 (Internationale Klassifikation psychischer Störungen). Wie sich sinnvoll und klug mit schwierigen Menschen umgehen lässt, wird danach thematisiert (*Konstruktiver Umgang mit anstrengenden Menschen*). Es geht entsprechend um komplizierte Partner, Eltern, Chefs, Arbeitskollegen und Kunden. Am Ende fassen wir die wichtigsten Aspekte zusammen und reflektieren die Darstellungen.

Den Ausführungen liegen Fachliteratur (u. a. aus den Bereichen: Psychiatrie, klinische Psychologie und Neurowissenschaften), empirische Studien – und meine eigenen Alltagsbeobachtungen zu Grunde. Die Personen, die in diesem Buch als Beispiele in Erscheinung treten, wurden zwecks Wahrung der Anonymität entsprechend verändert.

Noch ein Wort zur Anredeform. Ich verwende meistens die männliche Variante, um den Lesefluss nicht zu verkomplizieren. Doch natürlich meine ich immer beide Geschlechter; auf Ausnahmen wird an entsprechender Stelle hingewiesen.

Mein Dank gilt meiner Frau Astrid, die das Skript kritisch gelesen und mir wichtige Anregungen gegeben hat, und außerdem Herrn Peter Raab vom Herder Verlag für die professionelle und angenehme Zusammenarbeit.

Worms, im Frühjahr 2009
Dr. Marcus Damm   www.marcus-damm.de

Grundlagen

Persönlichkeit, schwierige Persönlichkeit, Persönlichkeitsstörung

Im Grunde hat fast jeder Mensch zumindest leichte Ausprägungen von Charakteristika im Sinne einer Persönlichkeitsstörung. Wir unterscheiden uns alle nur graduell, nicht qualitativ, von Klienten mit Persönlichkeitsstörungen. Somit haben wir alle ungünstige Schemata und zumindest leicht manipulatives Interaktionsverhalten.

– Rainer Sachse

Was später sich entwickelt und entfaltet, zeigt sich in den ersten Jahren (...) und erhält Konturen, die hernach ausgestaltet werden.

– Josef Rattner & Gerhard Danzer

Manchmal machen Eltern auch (...) schreckliche Sachen oder sie sind so unbeholfen oder so grob, dass man sich nur schwer vorstellen kann, dass die Kinder später einmal nicht darunter leiden werden.

– Willem van der Does & Peter van Straaten

Persönlichkeit

Im Alltag werden die Begriffe „Charakter" und „Persönlichkeit" oft gleichbedeutend verwendet, etwa wenn es heißt: „Daniel hat einen guten Charakter" oder: „Carina ist eine starke Persönlichkeit!" Aus Sicht von Psychologen heißt Persönlichkeit: „Gesamtheit aller Persönlichkeits*eigenschaften* einer Person." (Asendorpf 2005, 465) Damit sind insbesondere Gedanken, Gefühle und Verhaltensweisen gemeint, die relativ stabil über einen längeren Zeitraum hinweg von einer Person offenbart werden. Persönlichkeit ist also bei jedem Menschen etwas Grundlegendes.

Tatsächlich belegen zahlreiche Studien, dass die meisten Menschen einen steten und dauerhaften Lebenswandel pflegen, d.h. auf verschiedene Alltagsereignisse und Mitmenschen konstant auf die gleiche Weise und mit gleichen Kommunikationsmustern reagieren.

Wann und wie in etwa die Grundlagen des Charakters entstehen, ist mittlerweile bekannt: Durch das Zusammenspiel von genetischer Ausstattung und Umwelteinflüssen bildet sich der Charakter bereits in den ersten sechs Lebensjahren aus (Roth 2003; Goleman 2007). Allerdings können Lebenskrisen, persönliche Schicksalsschläge oder Krankheit dem vorgeprägten Charakter temporär oder langfristig einen neuen „Anstrich" verleihen.

Schwierige Persönlichkeit

Wir alle haben unsere persönlichen Schattenseiten, Tics, Ausraster; aber auch irrationale Ängste, Wünsche und Begierden schlummern in der Tiefe unserer Seele. Für solche Macken schämen wir uns manchmal (falls wir uns ihrer bewusst sind). Niemand ist frei davon. Wir alle sind „Brüder im neurotischen Geiste". Die beiden Psychotherapeuten Josef Rattner und Gerhard Danzer (2000, 239) meinen daher: „Der Neurotizismus ist sehr demokratisch über die ganze Menschenwelt verteilt."

Wer den gesellschaftlich-kulturellen Anforderungen und Erwartungen seiner sozialen Umwelt entspricht und sein Leben irgendwie auf die Reihe kriegt, d.h. weitgehend liebes-, genuss- und arbeitsfähig ist (Sigmund Freud), wird von den meisten Menschen als „normal" angesehen.

Nun gibt es bekanntermaßen aber auch (dauerhaft) schwierige Typen. Viele halten solche Personen für „nicht normal", plemplem oder gestört, weil sie durch aneckende Verhaltensweisen und problematische Kommunikationsmuster kontinuierlich negativ auffallen.

10 bis 15 Prozent der Gesamtbevölkerung, so nehmen Humanwissenschaftler an, sind nach psychiatrischen Kriterien schwierige Persönlichkeiten, die sich selbst und/oder anderen auf die Nerven gehen (Zimmermann/Coryell 1990). Psychologen nennen Betreffende, gemäß der Neurosenlehre, etwa: Narzissten, Zwanghafte, Histrioniker, Dependente, Schizoide, Paranoiker. Der Volksmund hat ebenfalls Namen für schwierige Menschen in petto. Meistens sind dies, in Anlehnung an die jeweiligen Auffälligkeiten, Schimpfnamen wie: Ich-Menschen, angepasste Spießer, Machos bzw. (möchte-gern) „It-girls", Helfertypen bzw. Hilflose, „Mofs" (Einzelgänger), Querulanten. – Um diese Typen geht es in diesem Buch.

Psychologische Grundlagen der Charakterologie

Schon im antiken Griechenland gab es Bemühungen, Menschenerkenntnis zu erarbeiten. Über den Fachbereich der Philosophie hinaus bekannt sind die Beobachtungen des *Theophrast*. Seine Erkenntnisse fasste er zusammen in einem Buch mit dem Titel *Charaktere*. Hierin beschreibt der Philosoph 30 verschiedene Charakertypen, die dem Leser auch nach 2.300 Jahren noch sehr aktuell vorkommen. Er beschreibt anschaulich und treffend u.a. den Schmeichler, Schwätzer, Misstrauischen, Knausrigen usw.

Theophrast war nicht der einzige Menschenbeobachter damals. Populär ist heute ebenso, vor allem in esoterischen Kreisen, die Typenlehre von den vier Temperamenten/Körpersäften, die auf den antiken Arzt Galenos zurückgeht. Er ordnete die Menschen in folgende Typen ein: Choleriker (hitzköpfig),

Melancholiker (traurig), Phlegmatiker (träge) und Sanguiniker (lebenslustig). Provoziert würde, so seine Ansicht, ein melancholisches Temperament durch ein Übermaß an schwarzer Galle; ein lebenslustiger Charakter durch zu viel Blut im Körper; Trägheit durch überreichlich Schleim und Zorn durch gelbe Galle. Die Unterschiedlichkeit der Menschen begründete er damit, dass jedem eben ein individuelles „Mischungsverhältnis" zu eigen sei.[1]

Es stehen mittlerweile verschiedene Messinstrumente zur Verfügung, um sich (schwierigen) Persönlichkeitseigenschaften wissenschaftlich zu nähern. Sofern wissenschaftlich gearbeitet wird, werden die sogenannten *kategorialen* und *dimensionalen* Modelle angewendet. Zunächst einige Worte zu den dimensionalen Modellen. Sie erfassen menschliche *Eigenschaften*, etwa Geselligkeit, Ängstlichkeit, Gewissenhaftigkeit usw. Wie werden diese Persönlichkeitsstile gemessen? Durch Fragebögen. Per Selbsteinschätzung können Versuchspersonen Punkte bezüglich der jeweiligen Ausprägung vergeben. Das klingt dann in etwa so: „Wie gewissenhaft sind Sie im Alltag? Vergeben Sie eine Zahl zwischen 1 und 10." Zu guter Letzt erhält man Informationen darüber, wie ausgeprägt ein bestimmtes Merkmal ist. Die beliebteste, d.h. wissenschaftlich „sicherste" Klassifikation ist das Modell der „Großen Fünf" („big five") (Costa/McCrae 1985), das von fünf grundlegenden Persönlichkeitszügen ausgeht. Sie lauten: *Extraversion* (impliziert u.a. Geselligkeit, Offenheit), *Verträglichkeit* (Hilfsbereitschaft, Kooperation), *Gewissenhaftigkeit* (Ordentlichkeit, Selbstdisziplin), *Neurotizismus* (Ängstlichkeit, Depressivität, Impulsivität), *Offenheit* (Bereitschaft, sich auf neue Erfahrungen abseits des Alltagstrotts einzulassen).

Die Klassifikation der Weltgesundheitsorganisation (ICD-10 1993) und die Skala der Amerikanischen Gesellschaft für Psy-

---

[1] Daneben gibt es noch andere Theorien, etwa die Konstitutionslehre von Kretzschmer, die sogenannten homöopathischen Konstitutionstypen oder die neun Typen des Enneagramms usw. Diese sollen uns aber hier nicht weiter beschäftigen.

chiatrie (DSM-IV 1994) stellen die wichtigsten *kategorialen* Modelle dar. Von den dort behandelten Idealtypen (Kategorien) wird auch im Folgenden ausgegangen.

Persönlichkeitsstörung

Es sei angemerkt, dass hier Begriffe Anwendung finden, die auch der Beschreibung von sogenannten Persönlichkeitsstörungen dienen. Der Unterschied zwischen schwierigen und persönlichkeitsgestörten Menschen ist nämlich nur gradueller Art. Eine schwierige Persönlichkeit ist gewissermaßen ein Zwischending. So gibt es z. B. narzisstische *Persönlichkeiten,* aber auch Menschen, die unter einer Narzisstischen Persönlichkeits*störung* leiden. Bei einer Persönlichkeitsstörung fallen die spezifischen Eigenarten sehr viel extremer aus. Die Grenzen zwischen gesund und neurotisch sind ohnehin nicht eindeutig zu ziehen. Daher sagen auch die beiden amerikanischen Psychologen *Oldham* und *Morris* (2007, 13): „Genauso, wie Bluthochdruck zu viel von etwas Gutem ist, sind Persönlichkeitsstörungen extreme Ausprägungen normaler menschlicher Muster – dem Stoff, aus dem die Persönlichkeiten von uns allen sind."

Beispiel: Wer etwa manchmal ein bisschen schizoid ist, wird am Wochenende gerne öfter zu Hause bleiben und sich mit sich selbst beschäftigen. Nicht weiter ungewöhnlich, eher eine Laune. – Liegt hingegen eine Schizoide Persönlichkeitsstörung vor, verlässt man am liebsten *nie* seine eigenen vier Wände und ist sich quasi selbst genug (leidet aber dennoch unter seinem Entschluss).

Persönlichkeitsstörungen kommen indessen (leider) relativ häufig vor. Man geht davon aus, dass zirka 10 Prozent der Allgemeinbevölkerung in Deutschland von (mindestens) einer solchen psychischen Beeinträchtigung betroffen sind (Fiedler 2001, 394).[2]

---

[2] Zu dieser Gruppe werden noch diejenigen hinzugezählt, die charakterlich „nur" schwierig sind; das sind zirka 10 bis 15 Prozent der Gesellschaft. Das bedeutet, dass statistisch gesehen etwa jeder vierte Mensch, den man im Alltag antrifft, eine potenzielle Nervensäge ist!

Laut der ICD-10 lassen sich Persönlichkeitsstörungen ganz allgemein charakterisieren durch:

a) andauernde, gleichförmige und vor allem auffällige Verhaltensmuster,

b) tief verwurzeltes Fehlverhalten (welches in den meisten sozialen und persönlichen Situationen unpassend ist),

c) schwerwiegende Einschränkungen der Funktionsbereiche: Antrieb, Impulskontrolle, Reflexionsfähigkeit und Wahrnehmung,

d) die Tatsache, dass die Störung *fester* Bestandteil der Persönlichkeit ist,

e) den Umstand, dass sie deutliche Einschränkungen der beruflichen und sozialen *Leistungsfähigkeit* nach sich ziehen.

Um welche Charaktere geht es im Folgenden genau? Wie erwähnt, werden bei der Einteilung die modernen Klassifikationen (ICD-10 und DSM-IV) berücksichtigt. Darüber hinaus gehen wir aber auch auf einige psychoanalytische bzw. tiefenpsychologische Strukturen ein, die nicht in die modernen kategorialen Tabellen übernommen wurden. Das sind z.B. der „hilflose Helfer" (Schmidbauer 1977/2005) oder der „Macho" („phallischer Narzisst") (Reich 1933/2002).

Die folgende Typologie ist als psychologischer Kompass für den Alltag gedacht. Eine bestimmte schwierige Person wird nie *alle* Denk- und Verhaltensmerkmale eines entsprechenden Prototypen auf sich vereinigen, den man mit ihr in Verbindung bringt. Aber sie wird doch *einige* charakteristische Auffälligkeiten über einen längeren Zeitraum hinweg zeigen, und zwar *immer wieder*.

Hier alle die verschiedenen Typen im Überblick:

1. **Narzisstische Persönlichkeiten** (starke Ich-Bezogenheit, großes Verlangen nach Bewunderung, Gefühl von Grandiosität, arrogantes und dominantes Verhalten).

2. **Zwanghafte Persönlichkeiten** (ausgeprägter Ordnungssinn, großes Interesse an Struktur, Streben nach Perfektionismus, einseitiges Weltbild (rational), starre Orientierung an gesellschaftlichen Normen und Werten, kontrollieren übermäßig sich selbst und andere).

3. **Histrionische Persönlichkeiten** (Bedürfnis nach Wahrgenommen-Werden, ausgeprägte Stimmungsschwankungen, hohe Kontaktfreudigkeit) – werden von Psychoanalytikern unterschieden in: **„Machos"** („maskulines", selbstsicheres Auftreten, aggressiver Mut und Angriffslust, extrovertiert, „Don-Juanismus"-Syndrom) – **„It-girls"** (starkes Interesse an körperlicher Attraktivität, kindliches Denken, verführerisches Wesen).

4. **Dependente Persönlichkeiten** – man differenziert zwischen **Helfertypen** (oft vom sogenannten Helfer-Syndrom betroffen) und **Hilflosen** (passiv, scheinbar unselbstständig, unentschlossen, überdurchschnittlich stark ausgeprägte Angst vor dem Verlassenwerden).

5. **Schizoide Persönlichkeiten** (Einzelgängertyp („Mof"), soziale Kontakte werden weitgehend vermieden, emotionale Kälte, Leitsatz: „Ich bin mir selbst genug").

6. **Paranoide Persönlichkeiten** (tief greifendes Misstrauen gegenüber anderen, unterstellen ihren Mitmenschen viel zu oft böse Absichten und interpretieren soziale Kontakte allgemein als bedrohlich, Hang zum Querulantentum).

Kommen wir noch, bevor es um die detaillierte Beschreibung der einzelnen Typen geht, zu einer sehr unerfreulichen Macke, die schwierige Menschen stets charakterisiert, und mit der man immer rechnen muss.

Ursachen von nervtötenden Charaktereigenschaften und wieso Betroffene sich selbst nicht als problematisch empfinden

Sie haben sich wahrscheinlich schon oft über nervige, d. h. irgendwie anstrengende Mitmenschen geärgert und sich (und Freunde) kopfschüttelnd gefragt: „Wie kann er/sie nur *so* sein?",

„Er/sie muss doch *begreifen,* dass dieses Verhalten unangebracht ist", oder: „Er/sie hat jetzt bestimmt ein schlechtes Gewissen deswegen! Geschieht ihm/ihr Recht!"

Nun, gleich zu Beginn sei ausdrücklich betont: *Schwierige Menschen sehen gewöhnlich nie ihren eigenen Anteil an zwischenmenschlichen Problemen.* So wird z.B. ein Paranoiker durch sein latent aggressives Auftreten „aus berechtigtem Selbstschutz" immer wieder soziale Ablehnung provozieren, und zwar nach dem – für ihn unbewussten – Prinzip „sich selbst erfüllende Prophezeiung". Dieser Wahrnehmungsfehler festigt gleichzeitig sein Weltbild: „Alle sind gegen mich". Dabei inszeniert er streng genommen nur seine eigenen innerpsychischen Konflikte. Ähnlich sind Zwanghafte gefangen in der Überzeugung, die soziale Umwelt sei stets der Gefahr ausgesetzt, ins „absolute Chaos" zu stürzen, weshalb man die Mitmenschen permanent kontrolliert bzw. drangsaliert. Betreffende sehen nicht, dass es sich hierbei nur um projizierte *eigene* psychische Unstimmigkeiten handelt. Denn tatsächlich verlagern sie ihr privates Problem (Verdrängung des Emotionalen, Leidenschaftlichen, Spontanen) nach außen und bekämpfen dann enthusiastisch das Emotionale, Leidenschaftliche und Spontane an *anderen.*

Die Art und Weise, wie sich ein schwieriger Charakter gegenüber anderen verhält, weist geradewegs auf seine prägenden Erfahrungen mit seinen Bezugspersonen in der frühen Kindheit hin.

Wenn Psychotherapeuten sich anschicken, die Entstehung und Aufrechterhaltung von Persönlichkeitsstörungen bzw. schwierigen Charakterzügen zu erklären, greifen sie gewöhnlich auf das sogenannte Vulnerabilitäts-Stress-Modell zurück (Merod 2005, 30ff.), das heute allgemein anerkannt ist (Barnow 2008). Dieses Modell nimmt insbesondere die Verhältnisse in der frühen Kindheit in den Blick.

Mit Vulnerabilität ist eine *genetisch* bedingte Sensibilität, anders gesagt: die temperamentsbedingte „Empfindlichkeit" gemeint. Hiervon Betroffene offenbaren von Geburt an Auffälligkeiten z.B. in den Bereichen Gefühl, Verhalten und Aufmerksamkeit. Schwierige Eigenschaften entstehen aber zumeist nur dann, wenn der Betreffende darüber hinaus einer „Stress auslösenden Umwelt" ausgesetzt ist. Relevante Stressfaktoren sind:

- charakterlich schwierige Eltern oder andere Bezugspersonen im Umfeld,
- nichtauthentische oder fragwürdige Erziehungsmethoden (überverwöhnender, ablehnender oder ambivalenter Erziehungsstil),
- Kindesmisshandlung und sonstige Traumatisierungen,
- sexueller Missbrauch.

Zusammenfassung

Bestimmte soziale (zumeist familiäre) Konflikte, die über einen längeren Zeitraum hinweg bestehen, zwingen das heranwachsende Kind dazu, *bestimmte* Charakterzüge zwecks Anpassung an die vorliegenden Verhältnisse zu entwickeln. An der Art der (problematischen) Verhaltensweisen im Erwachsenenalter kann man ermessen, welche Erfahrungen früher häufig gemacht wurden.

Nervtötende Eigenschaften sind aus dieser Perspektive also eigentlich *Kompetenzen*, mit speziellem gesellschaftlichen Stress umzugehen. Das heißt, durch dauerhaft ungünstige Verhältnisse entsteht irgendwann ein hilfreicher Charakterpanzer, der *gewöhnlich ein Leben lang bestehen bleiben und die Persönlichkeit beherrschen kann* (Reich 1933/2002). Wieso ein Leben lang? „Augenblicke, die sich in der Kindheit ständig wiederholen, werden zu automatischen Bahnen im Gehirn", resümiert Daniel Goleman (2007, 237). Die Folge: Betroffene legen sich sehr früh auf ihren persönlichen Stressbewältigungs-Stil als unantastbaren Bestandteil des eigenen Ichs fest. Schwierige Menschen wissen im Nachhinein nicht mehr, dass es sich „nur" um eigene (!) Reaktionen auf bestimmte zwischenmenschliche Probleme von damals handelt. Weil die entsprechenden Verhaltensweisen, die heute für viel Ärger mit den Mitmenschen verantwortlich sind, einmal die Existenz bzw. das seelische Überleben überhaupt ermöglichten, sehen die Betreffenden auch keinerlei Notwendigkeit darin, diese „Kompetenzen" in Frage zu stellen. Was heißt das nun in Bezug auf die hier thematisierten Persönlichkeitstypen?

a) Narzissten haben wahrscheinlich sehr viele Enttäuschungen und Frustrationen vonseiten ihrer Bezugspersonen erlebt, die nunmehr im Erwachsenenalter (notdürftig) durch ein aufgeblähtes „Ich" kompensiert werden. – Funktion der umfassenden Selbstbeweihräucherung heute: vorauseilender Schutz vor erneuten Kränkungen;

b) Zwanghafte wurden eventuell aus Angst, die elterliche Zuneigung zu verlieren, „brav". – Funktion des überangepassten Auftretens heute: vorauseilender Schutz vor negativer Kritik;

c) Histrioniker machten womöglich oft die Erfahrung, dass ihr soziales Umfeld sich besonders interessiert zeigte, sobald sie theatralische Szenen veranstalteten und sich dabei extrem „feminin" bzw. „maskulin" gaben (siehe unten). – Funktion solcher Verhaltensweisen heute: vorauseilende Sicherung der Aufmerksamkeit von anderen;

d) Dependente wurden wahrscheinlich durch sozialen Druck entweder in die Rolle des „hilflosen Helfers" oder in die des „Hilflosen" gedrängt. – Funktion im Erwachsenenalter: der Helfer sichert sich Anerkennung, indem er Mitmenschen bei ihrer Lebensbewältigung unterstützt; der Hilflose sucht und findet Aufmerksamkeit im Alltag, indem er sich schwach und unselbstständig gibt;

e) Schizoide entwickelten eventuell aufgrund negativer Erlebnisse die Auffassung, dass zwischenmenschliche Kontakte nichts „bringen" oder gar schädlich sind. – Funktion der schizoiden Merkmale heute: Selbstschutz;

f) Paranoiker erlebten wahrscheinlich früher eine eher feindlich-gestimmte Umwelt, sie entwickelten aus Selbstschutz „charakterliche Stacheln". – Funktion dieser Macken in der

Gegenwart: vorauseilende Absicherung gegen psychische und physische Verletzungen.

Gerade diejenigen Charaktereigenschaften, die schwierige Menschen erst unausstehlich machen, sind (aus Sicht des „inneren Kindes" des Betreffenden) eigentlich *sinnvolle* Maßnahmen (Bowlby 1982). Was sie aber nicht wahrnehmen, obwohl es ganz offensichtlich ist: Ihre jeweiligen Charakterstacheln sind gegenwärtig gar nicht mehr – in diesem Maße – erforderlich. Sie schaden dem Betreffenden sogar, weil er stets dieselben Konflikte mit der Umwelt provoziert. Ein echtes Dilemma für alle Beteiligten.

Kleine Typologie

Es gibt niemanden, der nicht auch einmal „schwierig" sein könnte, und andererseits hat selbst der „schwierigste" Mensch solche Momente, in denen er gar nicht „schwierig" ist.

– Ernst von Xylander

Um zu lernen wie man gut mit schwierigen Menschen umgeht, sollte man (a) wissen, wie sie die meiste Zeit des Tages psychisch „ticken", (b) herausfinden, welche prägenden Erfahrungen sie (häufig) in ihren Kinderjahren gemacht haben und (c) herausfinden, welche eigentümlichen Denkroutinen und Verhaltensweisen sie daraufhin entwickelten. Daraus ergibt sich die folgende Struktur:

1. *Allgemeine Beschreibung,*
2. *Denkmuster,*
3. *Was steckt dahinter?,*
4. *Spiele,*
5. *Kommunikation und Körpersprache.*

Allgemeine Beschreibung

Zunächst werden grundsätzliche Merkmale des jeweiligen Charakters beschrieben. Wahrscheinlich lässt Sie das sofort an einen bestimmten Bekannten oder Freund denken – vielleicht auch an den Partner. Doch nicht so eilig: Wir sprechen in der hier vorgelegten Typologie von extremen Strukturen, die es in reiner Ausprägung selten gibt. Wenn darum die jeweilige Typenbeschreibung etwas apodiktisch klingt, ist zu beachten, dass man den Reinformen selten begegnet. Jeder Mensch ist mit Merkmalen verschiedener Typen ausgestattet und tritt gewissermaßen in Mischform auf. Es wäre verkehrt, die anderen entsprechend auf Idealtypen zu reduzieren.

Auffällige Denkmuster

Solche Menschen mit schwieriger Persönlichkeitsstruktur urteilen im Alltag oft irrational. Realitätsfremde Inhalte wie etwa: „Niemand kann mich leiden" (paranoide Struktur) erschaffen sowohl innerpsychische Konflikte als auch Komplikationen mit dem sozialen Umfeld.

Typisch sind Selbsteinschätzungen und Anforderungen wie:

■ *Narzissten:* „Ich bin unglaublich wichtig und den anderen weit überlegen!"

- *Zwanghafte:* „Ich muss immer tadellos und vernünftig sein!"
- *(Histrioniker) Machos:* „Ich bin ein hochkarätiger Mann, der nie Schwächen zeigen darf!"; *It-girls:* „Ich bin durch und durch eine typisch feminine Frau!"
- *(Dependente) Helfer:* „Ich bin ein hilfsbereiter Mensch und sehr stolz darauf!"; *Hilflose:* „Ich brauche unbedingt jemanden, der mich armes Wesen umsorgt!"
- *Schizoide:* „Ich brauche niemanden, denn ich bin mir selbst genug!"
- *Paranoiker:* „Ich kann keinem Menschen über den Weg trauen, daher muss ich immer misstrauisch sein!"

Was steckt dahinter?

Die Grundlagen solcher Meinungen sind sogenannte *Schemata*. Schemata sind quasi die „Lebenslandkarten" des Einzelnen. Auf solch einer Lebenslandkarte ist u. a. auch all das eingezeichnet, was eine Person früher erlebt hat (Young/Klosko/Weishaar 2005). Die Aktivität von Schemata ist darauf ausgerichtet, frühkindliche Erfahrungen mit der sozialen Umwelt, gute wie schlechte, erneut zu inszenieren, zu realisieren (Freud nannte diese Auffälligkeit „Wiederholungszwang"). Neurowissenschaftler wie Gerhard Roth (2007, 290) kennen diese Intention: „Menschen suchen sich (…) in der Regel diejenigen Lebensumstände, die zu ihrer Persönlichkeit passen, anstatt sich in ihrer Persönlichkeit und Lebensführung den Lebensumständen anzupassen." Zwanghafte üben demnach oft sogenannte Kontrollberufe aus, weil sie dort ihren grundlegenden Charakter ausleben können; Narzissten „finden" Lebenspartner, die ihnen Bewunderung entgegenbringen; Paranoiker „geraten" immer wieder in Situationen, in denen sie sich „zu Recht" wehren müssen usw.

Derartige Schemata können zwei extreme Bewusstseinsinhalte auslösen, die sich diametral gegenüberstehen. Nehmen wir als Beispiel ein Schema, das die Informationen „Minderwertigkeit/Unzulänglichkeit" enthält. Hiervon Betroffene, meist narzisstisch strukturierte Menschen, werden gewöhnlich (1.) in einer guten Stimmung *nur* überkompensierende Meinungen haben, etwa:

„Ich bin der Größte überhaupt"; in schlechten Zeiten (2.) hingegen *ausschließlich* negativ über sich selbst urteilen, etwa so: „Ich bin ein Nichts. Was habe ich je geleistet?"

Der amerikanische Psychotherapeut J. E. Young, der die sogenannte Schematherapie begründet hat, unterscheidet verschiedene schädliche Lebenslandkarten (Young/Klosko 2006). Solche ambivalenten Überzeugungen werden sowohl von Menschen, die unter Persönlichkeitsstörungen leiden, als auch von schwierigen Individuen offenbart:

- *Narzissten* meinen in guten Zeiten oft (+): „Ich bin der Held!", in schlechten (–): „Ich bin die größte Niete!" – Das dahinter stehende Schema nennt Young: „Anspruchshaltung, Grandiosität";
- *Zwanghafte* denken manchmal in diese Richtung (+): „Ich bin tadellos!", manchmal heißt es (–): „Ich bin unvollkommen." – Entsprechendes Schema: „Emotionale Gehemmtheit";
- (*Histrionikern*) *Machos* (+) kommt häufig in den Sinn: „Ich bin ein echter Mann!", (–) „Ich bin nichts wert!"; *It-girls* (+): „Ich bin der Inbegriff der Weiblichkeit!", (–) „Ich tauge zu nichts!" – Grundlegendes Schema: „Streben nach Zustimmung und Anerkennung";
- (Dependente) Helfer finden häufig (+): „Ich unterstütze andere gerne!", (–) „Ich fühle mich minderwertig"; Hilflose (+): „Ich nehme sehr gerne Unterstützung an!", (–) „Ich fühle mich wie ein Nichts!" – Entsprechendes Schema: „Selbstaufopferung";
- Schizoide (+): „Ich bin gerne alleine!", (–) „Ich möchte so gerne eine intime Beziehung erleben!" – Schema: „Soziale Isolierung/Entfremdung";
- Paranoiker (+): „Ich unterstelle meinen Mitmenschen zu Recht aggressive Absichten!", (–) „Ich brauche zwischenmenschliche Nähe!" – Schema: „Misstrauen".

Hinsichtlich des Grads der Ausprägung der Vorstellungen gilt nach dem Psychotherapeuten Rainer Sachse (2006, 33) die Faustformel: „Je negativer die Erfahrungen sind, die eine Person in ihrer Biografie macht, desto negativer (extremer) sind auch die Schemata."

Spiele

Anders als üblich wird der Begriff „Spiele" in der Kommunikationspsychologie verstanden. Ein Spiel wird hier als „Psycho-Spiel" definiert. Es besteht nach dem Begründer der Transaktionsanalyse Eric Berne (1964/2005, 67) aus einer fortlaufenden Folge von vorhersagbaren Gesprächsinhalten; zudem verfolgt mindestens einer der Konversationspartner verdeckte Absichten. Der Sinn des (Psycho-)Spiels ist zwar für den psychologisch geschulten Beobachter klar, *den Beteiligten hingegen aber nicht unmittelbar bewusst.*

Spiele dienen (a) dem gesellschaftlichen Zeitvertreib und (b) dem Austausch von sogenannten Streicheleinheiten (für die *eigene* Seele). Der Ursprung aller Spiele liegt naheliegenderweise in der Kindheit.

Die *Spiele der Erwachsenen*[3] schließlich, in denen die wahren Gefühle, Bedürfnisse und Motivationen *nicht* offenbart werden, stellen das traurige Ende dieser „Spiel-Entwicklung" dar. Was ist an Spielen so problematisch? Spiele haben unter anderem die Funktion, unsere Auffassungen über die eigene Person und die Mitmenschen zu bestätigen. Es muss sich dabei keineswegs um positive Wahrnehmungen handeln! Wer etwa stark zu Depressionen neigt, weil er findet, das Dasein sei sinnlos, der wird meistens nur mit Menschen verkehren, die sein (Kommunikations-)Spiel „Böse Welt" mitspielen. – Man sieht schnell: Spiele sind ein wirksames Mittel zum Zweck, negative Schemata im oben beschriebenen Sinn zu realisieren.

Harmlose Spiele sind gesellschaftlich anerkannt, ja sogar erwünscht. Sie offenbaren sich als belangloses Geplauder. So spielen z.B. viele Männer beim gemeinsamen Feierabendbier „Sport" (Einleitungsfrage: „Wie hat die Bundesliga gespielt?"),

---

[3] So lautet der Titel eines lesenswerten Buches von Eric Berne zu diesem Thema.

viele Frauen spielen auf Partys „Garderobe" („Wo hast du die Schuhe gekauft?") oder „Küche" („Wie hast du den Kuchen gemacht?").

Jede Personengruppe hat – meist auch in Abhängigkeit der sozialen Schicht, der sie angehört – ihre Präferenzen. Rentner in ländlichen Gebieten etwa spielen oft „Gute alte Zeit" („Früher war alles besser") oder „Was sich die Jugend von heute alles erlaubt" („Wie die hier mit den Mofas durchrasen").

Die genannten Beispiele sind ungefährlich. Bei den wahren, den pathologischen Spielen hingegen zeigt sich, dass sie tatsächlich bizarre Scheinlösungen für unbewusste Konflikte offenbaren. Entsprechende leidvolle „Ehespiele" sind etwa (Berne (1964/2005):

- *„Zwickmühle"* – Spieler A macht Spieler B das Angebot, etwas gemeinsam zu unternehmen, obwohl er bereits ahnt, dass nichts daraus wird. Spieler B sagt zunächst ja, provoziert aber wenig später (unbewusst) einen Streit und sabotiert so erfolgreich die Verabredung. Zwei Tage später sagt Spieler B: „Schatz, wir machen nie was zusammen! Wieso fragst du nie?! Menschenskind, was hab ich denn da geheiratet!?" – Unbewusster Zweck des Spiels: Abwehr von Intimität;

- *„Gerichtssaal"* – Spieler A und B suchen gemeinsam Spieler C (etwa bei einer Familienfeier). Spieler A mimt den „Ankläger", B den „Angeklagten", und C ist der „Richter". Das Spiel beginnt: Nun werden gemeinsam Partnerschaftsprobleme besprochen, und alles dreht sich um die spannende Frage, wer letztlich daran schuld sei. Spieler A und B erwarten jeweils, dass C schlichtet bzw. ein gerechtes Urteil verkündet. – Sinn des Spiels: Befreiung von Schuldgefühlen;

- *„Wenn du nicht wärst"* („WEDUNIW") – Spieler A nörgelt ständig an Spieler B herum, wirft ihm ein chaotisches Temperament und mangelhafte Selbstdisziplin vor. Irgendwann kommt Ersterer zu dem Schluss: „Was habe ich für dich alles aufgegeben! Wenn du nicht wärst, hätte ich …" Es scheint, als hätte Spieler A Pech bezüglich der Partnerwahl gehabt. Doch eigentlich offenbaren sich alle Vorwürfe als Projektionen. D.h., tatsächlich ist Spieler A charakterlich nachteilig „gestrickt" – und nicht sein Partner. – Zweck des Spiels: Verdrängung eigener Schattenseiten und Befreiung von Gewissensbissen (etwa: „Warum habe *ich* im Leben nichts erreicht?").

Solche Spiele sind nur die Spitze des „Spiel-Eisbergs" im Alltag. Selbstverständlich gibt es niemanden, der keine Spiele spielt. Wir werden später auf die bevorzugten Arrangements von schwierigen Menschen zu sprechen kommen und sehen, bis zu welchem Punkt zwecks Sicherstellung einer stabilen Beziehungsebene mitgespielt werden sollte.

Kommunikation und Körpersprache

Menschen mit schwierigen Eigenarten treten häufig in charakteristischer Art und Weise mit anderen in Beziehung. Der Kommunikationswissenschaftler Friedemann Schulz von Thun hat in seinem Buch *Miteinander Reden 2* (2001) verschiedene Kommunikationsstile beschrieben, deren Grundlagen spezifische Persönlichkeitstypen darstellen. Seine Einsichten sind hier miteinbezogen. Von besonderem Belang ist dabei die Kenntnis des sogenannten Nachrichtenquadrats, mit dem Schulz von Thun (2007) die Tief- und Vielschichtigkeit der menschlichen Kommunikation erklärt bzw. verständlich macht.

Er stellt fest, dass jede Nachricht, jeder Gesprächsinhalt, im Grunde genommen *vier* verschiedene Äußerungen beinhalten kann:

1. *Sachinhalt* (Informationen über die Realität);
2. *Selbstkundgabe* (der Sender teilt meistens etwas über sich selbst, seine Persönlichkeit und/oder eigentlichen Bedürfnisse mit);
3. *Beziehungshinweis* (er vermittelt dem anderen auch, vor allem durch den Einsatz von Körpersprache, wie er auf der Beziehungsebene zu ihm steht, was er von ihm hält);
4. *Appell* (manchmal wird der Empfänger auch dazu animiert – obwohl nicht explizit ausgesprochen –, bestimmte Gefühle zu zeigen oder spezifische Handlungen auszuführen).

Wir sprechen also mit vier „Schnäbeln" gleichzeitig – manchmal ohne es zu merken. Doch das ist nicht das einzige Problem. Dummerweise hört unser Gesprächspartner permanent auch noch mit vier „Ohren" (gleichzeitig), nämlich entsprechend mit dem Sach-, Selbstkundgabe-, Beziehungs- und Appellohr. Echtes Verstehen ist daher keineswegs garantiert. Zwei Beispiele aus dem Alltag:

■ Ein Paar beim Abendessen. Er: „Oh, mir fällt gerade ein, dass deine Mutter in zwei Wochen Geburtstag hat." Er will nur ein bisschen Small Talk machen und mal nicht über seine Schwiegermutter lästern. Er vermittelt in etwa: „Wie sieht die Planung in 14 Tagen aus?" Sein Schatz hört aber, weil sie ihn zu kennen glaubt, einen *Appell*: „Schatz, in zwei Wochen hat deine Mutter Geburtstag – bitte sag' ab!" Ihre Reaktion: „Ja, Klaus! Richtig! Und da gehen wir auch hin! Ende!" Er: „Aber ich wollte doch nur wissen, wie die Planung aussieht!?" Sie: „Jaja, klar!" Er: „Doch, ehrlich."

■ Ein Mann und eine Frau Mitte 30 sitzen zufällig in einer Kneipe nebeneinander; sie kennen sich nicht. Er wartet auf einen Freund, mit dem er um die Häuser ziehen will. Sie hatte kürzlich Stress mit ihrem Partner, nahm Reißaus und kam erst vor zehn Minuten genervt rein. Sie zieht nun geistesabwesend aus der Handtasche eine Schachtel Zigaretten heraus. *Verdammt, kein Feuer*, denkt sie. Ihr Nachbar bemerkt den Missstand: „Entschuldigung, brauchen Sie Feuer? Hier!" Sie hört diese Mitteilung aber als *Selbstkundgabe*: „Ich will mit dir flirten!" und lässt ihn auflaufen: „Bagger' ne andere an, ich bin verheiratet!" Er dreht sich beleidigt weg und denkt sich: *Zicke*.

Diese Beispiele, in denen zufälligerweise der weibliche Part etwas Nicht-Intendiertes heraushört, stehen stellvertretend für zahllose Meinungsverschiedenheiten und Irrtümer in allen Lebensbereichen, die sich jeden Tag aufs Neue unweigerlich ergeben.

In Bezug auf schwierige Menschen hat man es entgegen allen Erwartungen als Gesprächspartner *einfacher*. Der Grund: Die Selbstkundgabe „Ich brauche ..." springt einem regelrecht ins Gesicht, wenn man länger mit Betreffenden redet. Denn sie vermitteln (wenn auch oft verschlüsselt) meistens: „*Ich brauche Anerkennung, Zuspruch und Respekt.*"

Nun konkret zu den Strukturen im Einzelnen.

„Ich bin der Superstar!" – Narzisstische Persönlichkeiten

Ralf, ein Bekannter aus der guten alten Studentenzeit, meldete sich vor einem halben Jahr. Nach dem Studium hatten wir uns aus den Augen verloren. Er „hat es endlich geschafft", erzählte er stolz am Telefon. Wollte nach dem Studium richtig hoch hinaus. Und so kam es dann auch.

Seine steile Karriere als Selbstständiger ist beeindruckend. Mittlerweile ist der ehemalige Paketzusteller Inhaber einer populären Diskothek im Zentrum einer norddeutschen Großstadt. Namhafte DJs haben schon bei ihm aufgelegt. Wir vereinbarten ein Treffen, und ich fuhr zu ihm.

In seinem kostspieligen Penthouse („geschmeidige 176 Quadratmeter") in der Innenstadt fühlt sich wahrscheinlich jeder Besucher wohl, genauer gesagt, überwältigt. „Hat mich eine ganze Stange Geld gekostet!", warf er mir bei der unvermeidlichen Besichtigung entgegen. „Aber ich hab die Bude schon abbezahlt. Bar, versteht sich." Zahlreiche Luxusartikel imponierten. Er hatte z.B. einen echten „Perser", teures antikes Mobiliar sowie eine zur Schau gestellte Sammlung edler Uhren aus dem 19. Jahrhundert. „Das sind originale Vitrinen!" Natürlich fehlte auch nicht ein exklusiver Plasma-Fernseher (neuestes Modell). An einer Wand im geräumigen Wohnzimmer hingen außerdem Gemälde eines populären Malers.

„Mein Leben gefällt mir derzeit sehr", philosophierte er bei einem Glas Champagner; er beschrieb es als „Highlife". Ich fand: Vor allem geht es dir um ständige Abwechslung, Exklusivität und imposante Außenwirkung. Aber das behielt ich natürlich für

mich. Ich lehnte mich während des Gesprächs entspannt zurück und lies mich berieseln. Meine Passivität schien ihm stark entgegenzukommen. Es war rückblickend tatsächlich so, als hätte ich die Rolle eines Interviewers innegehabt. Ich musste nur Stichwörter geben – und schon ging es los. Unterbrochen wurden Ralfs Monologe nur durch ankommende SMS. „Ah, sieh an, die Sandra. Habe ich mal in meiner Disco auf der Toilette vernascht! Gute Nummer!" – „Tatsächlich?"

Als wir uns nach zwei Stunden aufmachten, dauerte es nicht lange und wir (= er) waren um 100,– Euro ärmer. „Kein Problem, du armer Student, wo das herkommt, da ist noch viel mehr." (Armer Student?) Natürlich genehmigten wir uns ausschließlich die angesagtesten Lounges und Bars in der Stadt. Viele kannten und begrüßten ihn. So sieht es wohl aus, wenn ein Star auf Tour ist. Ein paar „nette" Bemerkungen über Bedienungen („Schau dir nur die armen Schlampen an, was die für einen scheiß Job machen!") und Tischnachbarn („Ach Gott, da drüben: Banker! Zählen das Geld von anderen! Erbärmliches Volk!") rundeten den ereignisreichen Abend ab.

Allgemeine Beschreibung

Ich-Menschen wollen grundsätzlich von anderen anerkannt und wertgeschätzt werden. Weitere Bedürfnisse können nach den Erkenntnissen von Rainer Sachse (2004) Wichtigkeit und Solidarität der eigenen Person gegenüber sein. Die eigenen Fähigkeiten werden gewöhnlich maßlos überschätzt. Betreffende haben Omnipotenzvorstellungen á la „Eigentlich könnte ich, wenn ich nur wollte, *alles* machen".

Gesellschaftlich erfolgreiche Narzissten sind aus ihrer Sicht „was Besseres" und haben demzufolge VIP-Status (Sachse 2002). Aber auch Egomanen, die gar nichts im Leben erreicht haben, fühlen sich superwichtig und toll.

„Besondere" Menschen verdienen selbstverständlich auch ausgeprägte Sonderbehandlung („Bedienung, wir brauchen den besten Tisch hier!") – was sehr arrogant auf die Umwelt wirken kann. Sie sind davon überzeugt: „Ich bin besser/reicher/gebildeter/schöner/erfolgreicher als die allermeisten." Die anderen werden daher stets mit allen möglichen Mitteln nach unten gedrückt und belächelt. – Narzissten sind wahre Läster-Experten.

Parallel hierzu existiert immer auch das Bestreben, bestimmte Personen zu glorifizieren. Einerseits schauen sie auf das „Fußvolk" herab; auf der anderen Seite verehren sie Mitmenschen, die *ganz* besonders erfolgreich in demselben Beruf, derselben Sportart usw. sind. Warum die Idealisierung? Weil man echte Leistungsträger aus demselben Metier nicht leicht schlechtreden kann. Daher verherrlicht man sie, das ist besser für das Selbstwertgefühl.

Trotz ihrer Überheblichkeit sind Narzissten aber auch gleichzeitig abhängig von der Bereitschaft ihrer „Bewunderer", Anerkennung zu suggerieren. Bleibt der Beifall der Menge aus, geht es mit der Stimmung ganz schnell bergab, und verdrängte negative Selbstzuschreibungen, die immer im Verborgenen lauern, können abrupt aufkommen (davon später mehr). Zusammenfassend gesagt: Nach außen hin erscheinen Betreffende selbstbewusst und stark, im Inneren gibt es viele „wunde Punkte". Daher reagieren sie auch so heftig auf Kritik.

Unabhängig vom geistigen Horizont besteht die Fähigkeit, „über Leichen zu gehen". Narzisstisch Strukturierte, die es bis in die Führungsebene von großen Wirtschaftsunternehmen schaffen können, – was sehr oft vorkommt –, ohne dass sich etwa ein schlechtes Gewissen melden würde, locker-flockig im Zuge einer Neustrukturierung 10.000 Mitarbeiter „zum Wohle des Konzerns" entlassen (bzw. zum Wohl der Aktionäre). Es mangelt eben an Empathie (Einfühlungsvermögen).

Ein weiteres Merkmal ist die ausgeprägte Selbstdarstellung in Gesprächen. Sie reißen nach und nach das Heft an sich und geben ab einem bestimmten Punkt nur noch Interviews. Bei Familienfeiern etwa wird der Rest der Sippe zum beeindruckten Publikum degradiert, das den „unglaublichen Geschichten" des Superstars lauschen „darf" („gähn"). In solchen Momenten kann man entweder als „gespannter Zuhörer" mitspielen – oder muss sich umdrehen und gehen.

In Bezug auf Freundschaften sind die Betreffenden manipulativ und ausbeuterisch. Sie beurteilen andere gerne nach ihrem äußeren Erscheinungsbild und vor allem nach dem Nutzen, den sie einem bringen. Ein Beispiel dafür ist etwa eine narzisstische (weibliche) Schönheit, die mit einer durchschnittlich aussehenden „Freundin" unterwegs ist, um sich von ihr äußerlich abzuheben. Dadurch macht Erstere noch mehr Eindruck auf die Männerwelt, was insgeheim beabsichtigt ist.

Auch bei der Wahl des Partners zeigen sich egoistische Motive. So sucht man häufig anpassungsfähige, altruistische (aufopferungsvolle) Partner, kurz gesagt solche, die dem charakterlichen Gegenpol entsprechen. Der Vorteil eines solchen Komplementärnarzissten liegt vor allem darin, dass er den anderen gewöhnlich idealisiert; daher wird der Bewunderer vor allem eines nicht tun: mit dem Narzissten konkurrieren (Willi 1975/2001).

Auffällige Denkmuster

Sind Egomanen in Hochstimmung, offenbaren sie diese oder ähnliche Denkmuster:
- „Alles dreht sich um mich",
- „Ich sollte bewundert werden",
- „Ich bin den meisten überlegen, deshalb muss ich überall Eindruck machen und mich immer durchsetzen",
- „Ich muss mit bedeutenden Leuten verkehren",
- „Was ich alles kann!",
- „Niemand sollte mehr haben als ich".

Mit der ansprechenden Selbstwahrnehmung kann es aber ganz schnell vorbei sein, etwa dann, wenn jemand daherkommt, der ganz offensichtlich mehr „ist" oder mehr hat. Dann heißt es im Extremfall:

- „Ich bin ein Loser",
- „Ich werde nicht anerkannt",
- „Ich kann gar nichts",
- „Niemand kann mich leiden",
- „Ich bin nicht gut genug".

Was steckt dahinter?

Ein bekanntes Sprichwort besagt: „Wo viel Licht ist, da ist viel Schatten". Besonders auf die narzisstische Struktur trifft diese Weisheit zu. Hinter der glänzenden Alltagsfassade sieht es oft ganz düster aus. Betreffende sind nämlich, was für Außenstehende zumeist nicht sichtbar ist, hin und her gerissen zwischen dem Gefühl der eigenen Grandiosität und der Überzeugung, in Wahrheit ein *Nichts* zu sein. Positive Denkinhalte (überzogenes Selbstbild) stehen sehr negativen gegenüber (vernichtende Selbstzuschreibungen). Wo kommen die überdurchschnittlichen Minderwertigkeitsgefühle her?

Der Psychologe Alfred Adler (1870–1937) hat hierzu wichtige Tatsachen gesammelt. In seinem Buch *Menschenkenntnis* (1927/2001) erhellt er zunächst die potenziellen Ursachen von normalen, d.h. schwach ausgeprägten Minderwertigkeitsgefühlen. Gleich vorweg: jeder hat Minderwertigkeitsgefühle, zumindest in durchschnittlicher Ausprägung. Sie stammen hauptsächlich aus einer Zeit, in der wir alle klein, schwach und somit existenziell von anderen abhängig waren. Diese „infantilen Erfahrungen der Ohnmacht" sind in unserem emotionalen Gehirnzentrum abgespeichert (Goleman 2007), bis zum Tod. Wenn uns Jahre später etwas kränkt, verletzt, holen uns diese Ohnmachtsgefühle wieder ein, genauer gesagt, wir fühlen uns in unliebsamen Situationen wieder so hilflos wie damals. Durch Persönlichkeitsentwicklung, Sozialinteresse und den Aufbau von Selbstwert werden Minderwertigkeitsgefühle reduziert.

Man kann nun darauf schließen, dass eine solche Entwicklung bei der narzisstischen Struktur nicht ausreichend stattgefunden hat. Denn wer anderen immer wieder aufs Neue beweisen muss, dass er *nicht* minderwertig ist, der empfindet sich einerseits häufig noch so hilf- und bedeutungslos wie in seiner Kindheit, andererseits hat er weit zurückliegende Kränkungen bis dato nicht verarbeitet.

Psychotherapeuten von heute bestätigen die Adlerschen Einsichten. Karl König (2005, 20) beispielsweise kommt aufgrund seiner klinischen Arbeit zu dem Schluss, dass ein narzisstischer Mensch von seiner hauptsächlichen Bezugsperson (meistens die Mutter) über einen längeren Zeitraum hinweg nicht wichtig und ernst genommen wurde. Weitere Quellen für die Entstehung und Aufrechterhaltung von narzisstischen Grundeinstellungen können nach Meinung von Otto F. Kernberg (2006) sein: (a) Elterliche Verstärkung von aggressiven Verhaltensweisen, (b) Erwerb von Staralüren im Kindesalter durch Modelllernen (hier sei an den Einfluss von narzisstischen Eltern bzw. Ersatzpersonen gedacht).

Spiele

„Toller Hecht und arme Sau"

Ziel: Selbstdarstellung auf Kosten eines oder mehrerer Gesprächspartner;

Rollen: Toller Hecht (Spieler A), erstaunter Zuhörer/arme Sau (Spieler B);

Inhalt: Spieler A erzählt von seinen spektakulären Erfahrungen, heroischen Taten usw. Spieler B hört sich anstandslos und gespannt die Storys an, in denen Spieler A großartige Siege davongetragen hat. Nicht selten fühlt sich Spieler B irgendwann minderwertig, eben als „arme Sau".

„Erzähl' mal – Und ich erst ...!"

Ziel: Übertrumpfenwollen um jeden Preis (Abwehr von Minderwertigkeitsgefühlen);

Rollen: Übertrumpfer (Spieler A), Erzähler (Spieler B);

Inhalt: Spieler A animiert Spieler B, persönliche Erlebnisse wiederzugeben. Nachdem Spieler B eine kleine Anekdote zum Besten gegeben hat, überflügelt Spieler A den Erzähler mit der Schilderung von exklusiveren Erfahrungen.

„Reiseführer"

Ziel: Anerkennung des materiellen Besitzes;
Rollen: Reiseführer (Spieler A), Tourist (Spieler B);
Inhalt: Spieler A präsentiert im Detail und sehr weitschweifig *alle* Exklusivitäten der eigenen vier Wände, Spieler B ist entzückt.

Kommunikation und Körpersprache

Die Motivation, andere zu beeindrucken, ist unerschöpflich. Unterhält man sich einmal mit einem entsprechend strukturierten Menschen, den man noch nie vorher gesehen hat, ist man innerhalb kürzester Zeit darüber im Bilde, *was* genau er tut, *wie* „gesegnet" er mit *was* ist, *wen* er alles persönlich kennt (und duzt). Ein weiteres typisches Phänomen: In die spektakulär klingenden Ausführungen werden immer mal wieder selbstwertsteigernde Anekdoten beiläufig, „rein zufällig" eingestreut, etwa (überspitzt): „Ja, das kenne ich, das ist mir beim letzten Urlaub in Miami beim Fallschirmspringen mit Michael Douglas auch passiert. Ja, schon stressig, echt."

Überhaupt liegt der Schwerpunkt der Kommunikation dieser Charaktere meistens auf der *Selbstoffenbarungsseite.* Die eigentliche Botschaft hinter allem möglichen Blabla lautet meistens: „Sieh her, wie toll ich bin; du kannst mich bewundern oder mit mir konkurrieren – nichts anderes ist möglich!" Schulz von Thun (2001, 154) verweist noch auf weitere Variationen des „Sieh her!", nämlich: „Sieh her,

- wie ich doch gelehrsam reden kann,
- was ich alles geschafft habe, was ich alles mein eigen nenne,
- wo ich überall als wichtige Person gefragt bin,
- wo ich überall maßgeblich mitmische,
- worüber ich alles Bescheid weiß und kluge Ausführungen machen kann."

Es fällt außerdem auf, dass Narzissten generell nicht besonders gut zuhören können. Der Grund: Sie sind zu sehr bei *sich*. Ihr Bestreben, einen schlagenden Eindruck auf die Umwelt zu machen, zeigt sich zudem auch im körpersprachlichen Ausdruck:

- *Haltung* – meistens angespannt, aufrecht, oder aber ganz leger;
- *Gang* – gewöhnlich selbstbewusst, „langsam, aber sicher", große Schritte;
- *Sitzhaltung* – bequeme offene Sitzhaltung, ausgestreckte Beine;
- *Mimik* – allgemein wenig Bewegung der Gesichtsmuskulatur (wenn der andere spricht), ausgeprägtes Mienenspiel bei eigenen Ausführungen, denn die sind ja „wichtiger";
- *Territorialverhalten* – gebieterisch, durchstößt häufig die intime Sphäre (unter 30 Zentimeter), man will meistens die absolute Aufmerksamkeit des Zuhörers;
- *Sonstiges* – zu fester Händedruck, harte Berührungen; während des Gesprächs schauen Betreffende immer mal wieder an einem vorbei und scannen die Umwelt nach weiteren Personen ab, die sie beeindrucken können.

Zusammenfassung

Narzisstische Persönlichkeiten haben ein überdurchschnittlich stark ausgeprägtes Bedürfnis nach Bewunderung und Anerkennung. Sie fühlen sich, insbesondere wenn sie gesellschaftliches Ansehen genießen, einzigartig und großartig. Egomanen aller Sozialschichten neigen zu charakteristischen Psycho-Spielen, mittels derer sie sich Anerkennung verschaffen wollen. Empathie ist nicht ihre Stärke, sie sind zu stark auf sich selbst bezogen. Am liebsten ist ihnen ein soziales Umfeld, das sie dominieren können. Ihr Selbstbild ist aufgespalten: fanatische positive Überzeugungen („Ich bin großartig") stehen neben außergewöhnlich abträglichen („Ich bin ein Loser"). Hinter der selbstbewussten Alltagsfassade lauern fundamentale Minderwertigkeitsgefühle, die vor allem in der Kindheit durch das soziale Umfeld ausgelöst und verstärkt wurden; diese holen den Betreffenden immer wieder ein.

„Never lose control!" – Zwanghafte Persönlichkeiten

Renate ist 58 Jahre alt und Grundschullehrerin an einer sozialen Brennpunktschule in Berlin. Eine Pädagogin von der alten Garde. Ihre Schülerinnen und Schüler erleben sie als strenge, gefühlskalte, sehr gewissenhafte Erzieherin, die viel Wert auf Disziplin und Leistungsbereitschaft legt, und zwar in Bezug auf sich selbst und auf andere. Wenn Renate unterrichtet, ist es mucksmäuschenstill im Saal. Die Mädchen und Jungen haben Angst vor ihren drakonischen Sanktionen bei Verstößen gegen die Regeln.

Vor zwei Monaten hatte sie in der zweiten Pause Aufsicht und sah einen Schüler aus ihrer Klasse auf der Treppe sitzen. Er weinte. Darauf angesprochen sagte er: „Ich bin in die Laura verliebt." Sie erwiderte mit strengem Unterton: „Wir lieben hier nicht!"

Ihren Haushalt pflegt die resolute Dame sehr penibel und ausgiebig, und jeden zweiten Tag wird Gebrauch vom Staubwedel gemacht. Alles hat „seinen Platz". Ihre Schulbücher stehen sauber, ordentlich und geordnet in den Regalen.

Sie muss sich oft über einige Autofahrer ärgern, die – obwohl sie ein allgemeines Parkverbot vor ihrem Haus bei der Stadtverwaltung durchgesetzt hat – ihre Pkws immer noch auf dem Bürgersteig abstellen. Doch sie hat stets Papier und Bleistift parat, um die Nummernschilder der unrechtmäßigen Parker zu notieren und bei der Polizei zur Anzeige zu bringen. Man kennt sie dort.

Renates Gewissenhaftigkeit zeigt sich vor allem im Umgang mit Geld: sie ist sehr sparsam, ja geizig – zu sich selbst und anderen. Als es während einer Sitzung vor einem Jahr im Kollegium darum ging, ob zwei Euro weniger Kopiergeld im neuen Schuljahr von den Schülern eingesammelt werden könnten, ging sie auf die Barrikaden, mit Erfolg.

Aber auch sonst ist sie eine „Bank": Sie hat in ihren 30 Berufsjahren noch nie eine Konferenz verpasst, geschweige denn den Unterricht aufgrund von Krankheit versäumt. Darauf ist sie stolz. Ich führte einmal eine Unterhaltung mit ihr, sie machte einen sehr konservativen, steifen Eindruck.

Allgemeine Beschreibung

Was macht eine zwanghafte Persönlichkeit aus? Vor allem ein ausgeprägter Ordnungssinn, Selbstdisziplin und Sparsamkeit. Weitere Auffälligkeiten sind: präzises Denken, übermäßige Beschäftigung mit Details, Listen und Regeln.

Partner solcher Personen erleben sie als höchst eigensinnig, dominant und stets besserwisserisch. Ihre eigentümliche Sittlichkeit sorgt allen Einwänden zum Trotz für eine optimale gesellschaftliche Anpassung und „Brave-Bürger-Mentalität".

Das Dasein von solchen Kontrollfreaks läuft aufgrund von intensiver Vorausplanung in *sehr* geordneten Bahnen. Die Kehrseite: Abweichungen vom Tagesablauf darf es nicht geben. Diese würden in den Augen der Betreffenden sofort ins „totale Chaos" führen. Ihr zentrales Anliegen heißt daher: „Das Leben braucht Strukturen und Schemata". Leider geht aber genau dadurch eine Menge Lebensqualität verloren. Zwanghafte Persönlichkeiten gestalten ihr Leben viel zu rational, das Emotionale kommt zu kurz, mitunter verkümmert die Gefühlswelt sogar. Sie wissen nicht bzw. wollen nicht wahrhaben, dass jeder Mensch auch *fühlt*. Der Psychoanalytiker Wilhelm Reich (1933/2002) bezeichnet sie deshalb als „lebende Maschinen".

Wer einmal Diskussionen mit zwanghaften Menschen geführt hat, der weiß, wie stark der eigentümliche Drang nach sachlicher, logischer und sinnvoller Argumentation ausfällt. Da wird bei Adam und Eva angefangen, weitschweifig „gelabert", Details überlang ausgeführt, und zum Punkt der Sache kommt der andere erst dann, wenn man, überspitzt gesagt, schon fast eingeschlafen ist.

Betreffende offenbaren auch oft eine sogenannte „Moses-Persönlichkeit" (Sachse 2004, 132). Sie schreiben anderen gerne Gesetze und Normen vor. Sie wissen nämlich (in ihrer Wahrnehmung), was genau richtig bzw. falsch ist. Dummerweise will das aber so gut wie niemand hören.

Warum solche Individuen gerne an ihren Mitmenschen herumdoktern, wird schnell klar, wenn man begreift, was sie innerlich umtreibt. Aus den Ausführungen dürfte bereits hervorgegangen sein, dass die hier behandelten Individuen sich selbst ungemein beherrschen, d.h. emotionale, spontane Impulse permanent niederhalten. Und es ist meistens so: *Wer hart gegen sich selbst ist, ist auch hart gegen andere.* Zwanghaft strukturierte Eltern beispielsweise *müssen* stets ihre „andauernd unruhigen" Kinder kontrollieren, maßregeln und ihnen das Emotionale bzw. das in ihren Augen Chaotische austreiben. Was Betreffende nicht sehen, obwohl es nahe liegend ist: Die beständigen Kontroversen mit dem sozialen Umfeld basieren nur auf eigenen innerpsychischen Strukturen, mit denen man unbewusst das soziale Umfeld infiziert.

Weil Ordnung und Kontrolle zentrale Werte von zwanghaften Menschen sind, findet man sie oft in geregelten, hierarchischen Umgebungen, d.h in den sogenannten Kontrollberufen (Polizist, Jurist, Staats- und Scheidungsanwalt, Politesse, Verwaltungsbeamter, Schiedsrichter, Erzieher, Lehrer, Geistlicher, Steuerprüfer, Postzusteller, Nachtwächter, Mitarbeiter einer Reinigungsfirma).

Auffällige Denkmuster

Die im Alltag relevanten Denkroutinen zeigen entsprechend einseitige Züge; einige Beispiele:
- „Ich halte mich immer an Regeln, das gehört sich so",
- „Erst denken, dann handeln",

- „Vertrauen ist gut, Kontrolle ist besser",
- „Wenn doch alle anderen nur so moralisch wären wie ich",
- „Haushaltsgegenstände dürfen *nie* weggeworfen werden, wer weiß, wofür man sie noch brauchen kann",
- „Warum etwas verschenken, wenn man es auch verkaufen kann?",
- „Kinder müssen lernen sich zu beherrschen",
- „Geld horten bringt Sicherheit".

Aber natürlich gibt es da noch die Kehrseite der Medaille. Kippt die Stimmung, kommt Betreffenden so was in den Sinn:
- „Ich bin böse/moralisch schlecht",
- „Ich werde nicht anerkannt",
- „Beziehungen sind nicht solidarisch",
- „Ich bin unvollkommen",
- „Ich bin schmutzig",
- „Ich bin voller Sünde".

Was steckt dahinter?

Psychoanalytiker würden u. a. verschiedene Verdrängungstendenzen, zu denen Betreffende sehr früh animiert wurden, für die Ausprägung einer zwanghaften Struktur verantwortlich machen. Was wird in diesem Fall aus dem Bewusstsein verbannt? – Affekte, Emotionen, insbesondere offene Aggression, Vitalität im Allgemeinen und sexuelle Impulse im Speziellen.

Auch heute noch werden viele Heranwachsende von (meist zwanghaft strukturierten) Eltern weit überzogen sozialisiert, sozusagen *über*sozialisiert. Hiervon betroffene Kinder entwickeln leicht die Überzeugung, dass sie sich durch zweckdienliches und „braves" Auftreten Lob und Anerkennung sichern, oder sich – und das kommt ebenso häufig vor – heftige Konflikte mit den Erziehern ersparen. Anderen Heranwachsenden bleibt meist gar nichts anderes übrig, als die elterlichen Autoritäten anzuerkennen. Im Falle übermäßiger Bemühungen ums Brav-Sein wird aber die eigene Persönlichkeit übergangen und man entfremdet sich von sich selbst. Das führt oft zu einer inneren Disharmonie.

Eine andere Möglichkeit, wie diese Struktur entstehen kann, besteht darin, dass man Verhältnisse früher als unordentlich und chaotisch *wahrgenommen* und infolgedessen aus Protest überordentliche Charakterzüge ausgeprägt hat (König 2005, 81).

Spiele

„Ich weiß es besser"

Ziel: Abfuhr von aufgestauten Frustrations-Aggressionen;
Rollen: Großmeister (Spieler A), Schüler (Spieler B);
Inhalt: Der Großmeister diskutiert mit Leidenschaft mit dem Schüler über einen Sachverhalt. Ersterer behält letztlich *immer* Recht.

„Wusstet ihr schon?"

Ziel: Streicheleinheiten für die eigene Seele;
Rollen: Erzähler (Spieler A), geduldiger Zuhörer (Spieler B);
Inhalt: Der Erzähler berichtet, stets weitschweifig und ohne Ende in Sicht, von den neuen Erkenntnissen aus Wissenschaft, Politik und Technik. Der Zuhörer hört sich alles an, spielt also das Spiel mit.

„Aber man kann doch nicht!"

Ziele: Entlastung eines schlechten Gewissens, Etablierung von Recht und Moral unter den Menschen, Abbau von inneren Spannungen;
Rollen: Richter (Spieler A), Sünder (Spieler B);
Inhalt: Richter stellt Sünder in einem sehr langen „Verfahren" an den Pranger, in dem er detailliert die Schwere der Sünden (etwa Unpünktlichkeit, Unordentlichkeit, Andersartigkeit usw.) schildert; selbstverständlich werden auch „vernünftige" Sanktionen ausgesprochen.

Kommunikation und Körpersprache

Der Kommunikationsstil ist grundsätzlich geprägt von „zwanghafter Verkopftheit". Gespräche führt er vorausschauend, logisch, beherrscht, wohlbedacht und vor allem Schritt für Schritt vorgegangen. Zwanghafte sind „Erbsenzähler im Geiste". Der Monolog, die bevorzugte Gesprächsform, zieht sich gewöhnlich hin wie Kaugummi. Das Gegenüber wird regelrecht dazu gezwungen, alles Wichtige und Unwichtige bis zum bitteren Ende anzuhören – *und das kann dauern*. Nicht selten sind aufgestaute Aggressionen für eine solche „Sprachfolter" verantwortlich. Denn wer zwei oder drei Minuten für etwas in Anspruch nimmt, was er in fünf Sekunden sagen könnte, der verfolgt, wenn auch unbewusst, subtilere Ziele. Kommt noch ein durchbohrender, direkter Blick in die Augen hinzu, der den anderen zwingt wegzuschauen, dann kann man durchaus richtig liegen, wenn man sich als Aggressionsventil bzw. „Depp vom Dienst" fühlt.

Die sich gebetsmühlenartig wiederholende Botschaft von Betreffenden lautet: *„Ich weiß, was richtig ist!"* Im Vordergrund stehen demnach Selbstoffenbarungs- und Beziehungsaspekt (Schulz von Thun 2002, 171). Auf der Beziehungsebene suggeriert man oft: „Du hast verschiedene Mängel, man (= ich) muss dich anleiten."

Wie sieht die Körpersprache eines zwanghaften Menschen aus?

- *Haltung* – angespannt, Kinn zurückgezogen (bei Diskussionen);
- *Gang* – kleine Schritte;
- *Sitzhaltung* – vis-à-vis, (meistens) übereinandergeschlagene Beine, Oberkörper eingesunken, Arme vor der Brust verschränkt;
- *Mimik* – direkter Blick in die Augen (mit Überlänge), Mimik insgesamt gefühlsarm, Mundwinkel unten, hocherhobener Kopf, „Maske der Unnahbarkeit";
- *Gestik* – ausgeprägt, ruckartige, „roboterhafte" Bewegungen; reservierter, emotionsloser Gesichtsausdruck;
- *Territorialverhalten* – distanziert, die intime Sphäre (unter 30 cm) bleibt ein Tabu.
- *Sonstiges* – traditioneller Kleidungsstil, ins Altmodische übergehend, keine Körperberührungen.

Zusammenfassung

Zwanghafte Persönlichkeiten charakterisieren sich vor allem durch überdurchschnittliche Ordnungsliebe, Rigidität, Regelerfüllung, „Manhaftigkeit" (= Sammelsurium an Vorstellungen, wie „man" in unserer Gesellschaft zu sein hat). Pedanterie sowie übertriebene Selbst- und Fremdkontrolle gehören ebenso dazu. Betreffende sind oft sehr sparsam. Ihr Arbeitsverhalten ist vorbildlich, aber schwerfällig, weil sie so detailversessen sind. Kleinigkeiten schenkt man zu viel Aufmerksamkeit. Typisch sind des Weiteren: Rationalisierungslust, Empathiearmut, Hang zum Diskutieren, umständliches, weitschweifiges Erklären von Sachverhalten, übermäßige Beschäftigung mit Zahlen und Tabellen.

Als Ursachen kommen in Frage: (a) Starker Sozialisationsdruck vonseiten der frühkindlichen Bezugspersonen (Belohnung zwanghafter Verhaltensweisen und/oder Sanktionierung entgegengesetzter Tendenzen), (b) übertriebene Reinlichkeitserziehung, (c) unzureichende Entwicklung des Selbst.

„Machos" und „It-girls" – Histrionische Persönlichkeiten

Martina ist eine sehr attraktive Frau Mitte 20 – und sie weiß es. Eines ihrer Hobbys heißt „gut aussehen". Sie schafft es spielend, ihre ohnehin sexy-weibliche Figur durch freche Kleidungsstücke wirkungsvoll in Szene zu setzen. Geschickt aufgetragenes Make-up bringt ihre Schokoladenseite zum Vorschein. Die Männerwelt ist begeistert.

Sie macht beruflich mal dies, mal jenes, aber nichts wirklich richtig intensiv; es hapert mit dem Durchhaltevermögen und der Selbstdisziplin. Derzeit arbeitet sie neben dem Studium (Touristik, 14. Semester) als Bedienung in einem Café. Ihr offenherziges, extrovertiertes Naturell garantiert regen und vor allem pro-

fitablen Kontakt zur männlichen Kundschaft. Das Trinkgeld kann sich sehen lassen. Auch aufgrund ihrer ausgeprägten Small-Talk-Kompetenzen ist sie sehr beliebt. An guten Tagen meldet ihr Handy, das natürlich immer angeschaltet ist, zwischen 25 und 30 SMS, u. a. von neuen Verehrern, die sie irgendwo kennen gelernt hat. Jede Party wird mitgenommen. Feste Beziehungen hatte sie erst sehr wenige. Männer werden ihr schnell langweilig. Sie träumt von einem Leben in Australien mit Mr. Right, und dann „will ich viel reisen und erleben".

Spontaneität wird groß geschrieben. Einmal stieg sie mit ihrer besten Freundin am Hauptbahnhof ohne Geld und Fahrkarte in irgendeinen Zug. Drei Tage später sah ich sie wieder – in einem Ferrari neben einem gegelten Kerl mit Sonnenbrille. Als sie mir erzählte, wie es dazu kam, konnte ich es kaum glauben. Filmreif!

Letztens lernte sie Chris kennen, den sie „total interessant" und „voll geil aussehend" findet. Er ist Ende 20 und studiert Diplom-Sport. Daneben treibt er Kampfsport und arbeitet als Türsteher. „Ein echter Mann, an die 1,90!", schwärmt sie mir ins Ohr und drückt dabei fest ihren Oberschenkel an mein Bein. „Toller Körper, durchtrainiert." Ich lerne ihn eines Abends kennen. Eine imponierende Erscheinung. Modische Markenklamotten verstärken die Außenwirkung. Langsame, selbstsichere Bewegungen. Ich muss an James Dean denken. Er quetscht beim Händedruck meine Hand zusammen und grinst mir offen und mit festem Blick ins Gesicht.

Allgemeine Beschreibung

Histrionische Persönlichkeiten wurden zu Zeiten der klassischen Psychoanalyse, also Anfang des 20. Jahrhunderts, bis in die jüngere Vergangenheit hinein noch als „hysterische Charaktere" bezeichnet. Als „hysterisch" galten diejenigen Klienten (meistens Frauen), die verschiedenartige, auf den ersten Blick unerklärliche Symptome psychischer und körperlicher Art zeigten: sogenannte Konversionsstörungen (Seh-, Hör-, Gleichgewichts- und

Sprechstörungen), dissoziale Störungen (Erinnerungslücken, Bewusstseinsstörungen, Pseudohalluzinationen), Hang zur Dramatisierung, übertriebene Koketterie und Theatralik (Fiedler 2001, 60f.). Als Ursache dieser Symptome wurde bis vor vier Jahrzehnten in psychoanalytischen Kreisen ein (meist sexuelles) Trauma in der frühen Kindheit angenommen. Von dieser Vorstellung hat man sich mittlerweile gelöst. Dennoch gibt es in Einzelfällen einen Zusammenhang zwischen sexuellem Missbrauch und hysterischen Erscheinungsformen.

Wegen des historischen Wirrwarrs um das vielgestaltige Erscheinungsbild und die Ursache von Hysterie und vor allem wegen der Stigmatisierungsgefahr („Sei doch nicht so hysterisch!") war es nicht einfach, den Begriff zu fassen. In den beiden Klassifikationssystemen ICD-10 und DSM-IV ist nicht mehr von „hysterischen" Persönlichkeiten die Rede, sondern von „histrionischen". („Histrione" war die Bezeichnung für einen Schauspieler im antiken Rom.)

Was kennzeichnet nun im Allgemeinen den hysterischen/histrionischen Charakter? Fritz Riemann, Autor des tiefenpsychologischen Klassikers *Grundformen der Angst* (1961/1999), beschreibt ihn als Gegenpol der zwanghaften Persönlichkeit. Bei Hysterikern finden wir so gut wie keine der typisch zwanghaften Eigenschaften wie Verkopftheit, Affektunterdrückung, Hang zum Spießertum, biedere Bodenständigkeit, überzogene Moralität vor. Im Gegenteil, Histrioniker imponieren als extrovertierte, gefühlsintensive Menschen, die bei jeder sich bietenden Gelegenheit gerne im Mittelpunkt stehen und die Aufmerksamkeit genießen. „Lebenslust, Spontaneität und Abwechslung" – so heißt die „hysterische Lebensmaxime".

Die Schattenseiten folgen auf den Fuß. Hysterische Auftritte in der Öffentlichkeit wirken mitunter überspannt, geradezu inszeniert, was irgendwann den Freundeskreis schlicht und einfach nervt.

Auf der anderen Seite, und das ist eine große Stärke, strahlen Betreffende eine ungemein glaubhafte Kontaktfreude aus und kommen deshalb schnell mit Fremden ins Gespräch. Sie sind überall dort zu finden, wo Publikum ist, sprich: in der Öffentlichkeit (sie sind gewöhnlich dorf- bzw. stadtbekannt). Auf Unbekannte wirken sie wie berauschte bzw. berauschende Lebenskünstler. Abwechslungsreiche Konversationen sind garantiert. Eine ansprechende Erscheinung steht ganz hoch im Kurs. Histrioniker treffen immer den aktuellen Modegeschmack, egal ob es sich um männliche oder weibliche Vertreter handelt. Ihre Außenwirkung wird gewöhnlich verstärkt durch eine reizvolle Figur, die charakteristischerweise „geschlechtsspezifisch" ausfällt. – Histrionische Frauen wirken sexy durch ihre „feminine Erscheinung", hysterisch strukturierte Männer beeindrucken durch ein „typisch maskulines Äußeres".

Mit der Zeit nutzen sich histrionische Menschen aber von selbst ab. Außenstehende kommen irgendwann hinter das eigentlich offenkundige Geheimnis. Es heißt: *Viel Schein, wenig Sein.* Die verheißungsvolle Fassade verbirgt oft ein rast- und ruheloses Selbst. Langeweile wird mit allen Mitteln bekämpft; man könnte ja, wenn einmal Ruhe einkehren würde, plötzlich auf die Idee kommen, über sich selbst nachzudenken! Nein, lieber nicht!

Zusammengefasst offenbaren Histrioniker folgende Auffälligkeiten (Mentzos 2004, 61 f.):
- Theatralisches Verhalten mit Dramatisierungstendenzen;
- emotionale Labilität (Launenhaftigkeit);
- Übererregbarkeit;
- Geltungssucht;
- verführerisches Verhalten;
- starke Beeinflussungsanfälligkeit durch andere.

Wir unterscheiden im Folgenden zwischen der phallisch-narzisstischen und ödipalen Struktur (Mentzos 2005, 157 f.). Bei diesen beiden Typen steht die *Anerkennung von Geschlechtereigenschaften* im Vordergrund.

Hysterisch strukturierter Charakter (Macho)

Manche Menschen geben sich in Beruf und Freizeit auffallend maskulin, fast schon supermännlich. Mit „männlich" sind hier Eigenschaften gemeint, die aus kulturellen Gründen immer noch eher dem „starken" Geschlecht zugeschrieben werden. Denken wir etwa an Eigenschaftswörter wie selbstständig, selbstbewusst, hart, cool, durchsetzungsfähig, kämpferisch, unnachgiebig usw.

Diese und andere Merkmale werden von Individuen, die ein extrem männliches Selbstbild haben, kultiviert und bewusst nach außen gekehrt. Parallel hierzu wird die Vielfalt des Femininen (nach traditionellem Verständnis) *vollends* übergangen. Tiefenpsychologen nennen solche Personen häufig „phallische Charaktere". Der „Phallus" (lat.: „erigierter Penis") ist nach der Psychoanalyse *das* Männlichkeitssymbol schlechthin. Weil phallische Menschen auch meistens eine ausgeprägte narzisstische Seite haben, spricht man eben von „phallisch-narzisstischen" Charakteren. Im Folgenden geht es um derart strukturierte Männer, genauer gesagt, um Machos.

Allgemeine Beschreibung

Phallische Narzissten erscheinen selbstsicher, manchmal arrogant, resolut und bei Bedarf rücksichtslos (Fenichel 1945/2005, 67 f.). Trotz ihrer He-Man-Fassade sind sie übertrieben eitel. Nicht ohne Grund besitzen sie häufig eine umfassende Kollektion an Beauty- und Wellness-Artikeln. Auf negative Kritik reagieren sie gewöhnlich hochempfindlich. Dann drehen sie spontan auf und imponieren durch unverhohlene Aggression (ist halt männlich).

Häufig auftauchende Merkmale sind: athletischer Muskeltonus, gebräunte Haut, manchmal harte, kantige Gesichtszüge, manchmal sehr weiche (sogenanntes Milchbubigesicht), legere Polohemden, Stehkragen, Barbourjacke, Sonnenbrille, hochgestylte Frisur („Hahnenkamm"), Tattoos, schweres Schuhwerk.

Phallisch-narzisstische Interessen zeigen sich in einer entsprechenden Berufswahl (etwa Unternehmer, Leistungssportler, Pilot, Ski-, Fitness- oder Tennislehrer, Animateur, Promoter), in

der Art der Freizeitbeschäftigung (z.B. Kampf- oder Mann-
schaftssport, Sammeln von antiken Waffen), aber *insbesondere*
im Umgang mit der Frauenwelt.

Phallische Narzissten sind meistens notorische Frauenverführer!
Entsprechend sorgt man mittels eines betont maskulinen Erschei-
nungsbildes und dem unvermeidlichen Skilehrerblick, der auf
Abruf jederzeit aktiviert werden kann, vorauseilend für die Vermittlung von unverfänglichen Verführungsabsichten. Jene werden von
Frauen, die Ähnliches im Sinn haben, intuitiv verstanden. Solche
Don Juans neigen zur Polygamie. Sie wechseln, umgangssprach-
lich ausgedrückt, Frauen wie Hemden. Eine ernsthafte, treue
Beziehung ist überhaupt nicht ihr Ziel. Manchmal versuchen sie es
und heiraten, versagen aber über kurz oder lang. Oft stolpert Mann
über eine Affäre. „Denn ewig lockt das Weib", begründete mir einmal ein entsprechender Vertreter seine polygamen Interessen.

Das üblicherweise aggressive Flirtverhalten bringt so manche
Vorteile in Bezug auf Spontansex mit sich: Die „Festung" wird
ruckzuck im Sturm genommen. Nicht selten kommt es vor, dass
in diesem Sinne erfolgreiche Frauenverführer beeindruckend
viele One-night-Stands verzeichnen. Auffallend ist bei einigen
außerdem die Tendenz, die Eroberung durch eine aggressive
Sexualität zu erniedrigen.

Außerdem neigen Machos zum Konkurrieren, zum Kräfte-
messen mit den eigenen Geschlechtsgenossen. Zentrale Inhalte
dieser Wettkämpfe mit Freunden sind beispielsweise: Wer kann
mehr Frauen aufreißen? Wer von uns beiden ist körperlich stärker? usw. Im Kampf- oder Leistungssport etwa wird letzteren
Interessen Genüge getan.

Hysterisch strukturierter Charakter (ödipaler Typ)

Das Pendant des Casanova-Typs, sein Gegenpol sozusagen, ist
der sogenannte *ödipale Charakter*. Er offenbart entsprechend
überwiegend „passive", z.T. auch infantile Eigenschaften, die im
kulturellen Verständnis diskriminierenderweise oft als „typisch
weiblich" abgestempelt werden. Er/sie ist demnach weichherzig,

empathisch, kindlich-naiv, ein bisschen hilflos, gefühlsintensiv, spontan, nah am Wasser gebaut usw. Wir werden im Folgenden von ödipal strukturierten Frauen sprechen.

Allgemeine Beschreibung

Sie treffen selten eigene Entscheidungen. Sogenannte It-girls brauchen irgendjemanden, der das Heft für sie in die Hand nimmt. Solche „Gentlemen" gibt es bekanntlich wie Sand am Meer. Wer könnte zu ihnen schon Nein sagen? Besonders in einer Partnerschaft erwarten sie vom anderen, dass er sich dem männlichen Stereotyp gemäß verhält (siehe unten).

Durch ihre intensive („weibliche") Ausstrahlung wirken hysterisch Strukturierte vom ödipalen Typ übrigens *sehr* attraktiv auf das andere Geschlecht, besonders, wie könnte es auch anders sein, auf phallische Narzissten.[4]

It-girls interessieren sich häufig für sehr viele Lebensthemen (Kultur, Literatur, Philosophie, Kunst, Malerei, Theater). Doch mangelhafte Selbstdisziplin hindert sie oft daran, richtig tief in die jeweilige Thematik einzudringen. Malkurse an der Volkshochschule beispielsweise werden zwar mit Power begonnen, aber nach spätestens zwei Abenden wieder abgebrochen. Dies trifft meist auch auf Berufsausbildungen oder ein Studium zu.

Ein weiteres Manko ist ihre typische Neigung, mit Pünktlichkeit und Absprachen, na, sagen wir mal, sehr flexibel umzugehen. Wer einmal mit einer solchen Frau ein Date ausgemacht hat, der weiß, was gemeint ist. Nach einer Stunde Verspätung tritt sie endlich ein und sagt etwas in diese Richtung: „Oh, sorry, aber ich habe mich verspätet, weil ich vorhin noch einen Anruf von einem Freund erhalten habe. Er ist gerade in Australien und taucht mit Delfinen. Hat sonst nicht viel zu tun. Jedenfalls, als ich auflegte, fiel mir plötzlich das heiße Bügeleisen runter. Konnte gerade noch einen Brand verhindern." (Und dies ist noch eine eher langweilige Version.)

---

[4] Studien belegen übrigens, dass „typische" Frauen und Männer auf dem Partnermarkt von der jeweiligen Zielgruppe meistens intuitiv als sexy eingeschätzt werden (Damm 2006b).

Nicht nur diese Eigenarten können einem gewaltig auf die Nerven gehen. Auch eigentlich unerhebliche Auseinandersetzungen laufen aufgrund ihres Hangs zur Theatralik und Übertreibung oft aus dem Ruder. Man kriegt die Gesprächspartnerin mit Logik einfach nicht zu fassen, sie hat ihre eigene (Un-)Logik. It-girls können von einer Sekunde auf die andere herzzerreißend heulen oder laut drauflos schreien. Selbstvorwürfe werden bei Bedarf ohne Umschweife reflexhaft in Fremdvorwürfe umgewandelt, als Gesprächspartner ist man machtlos (Riemann 1961/1999, 201).

Auffällige Denkmuster

Hysterische Struktur allgemein

An guten Tagen sind diese und ähnliche Denkroutinen *up to date:*
- „Ich will Spaß, ich geb' Gas!",
- „Ich muss um jeden Preis auffallen",
- „Schönheit ist ein wichtiges Kriterium bei der Beurteilung von Mitmenschen",
- „Gefühle muss man immer direkt ausdrücken".

In Zeiten schlechter Stimmung oder von Zusammenbrüchen nehmen die negativen Schemata überhand:
- „Ich werde nicht beachtet",
- „Ich werde nicht ernst genommen",
- „Niemand mag mich".

Hysterische Struktur (phallisch-narzisstisch)

„Hochmaskulin" sind die alltäglichen Denkmuster von phallischen Narzissten:[5]
- „Ich bin ein echter Kerl",
- „Ich muss auf andere einen ‚männlichen Eindruck' machen",

---

[5] Die negativen Schemata von Machos und It-girls entsprechen weitgehend denjenigen, die auch bei der allgemeinen hysterischen Struktur vorliegen. Daher werden sie nicht mehr explizit ausgeführt.

- „Ich darf nie Schwächen zeigen",
- „Ich muss mit anderen konkurrieren",
- „Ich muss so viele Frauen wie möglich flachlegen".

Hysterische Struktur (ödipal)

Typische Schemata sind:
- „Ich bin durch und durch eine Frau",
- „Wenn ich verführerisch erscheine, bekomme ich Aufmerksamkeit (von Männern)",
- „Wer mir nicht zu 100 Prozent Aufmerksamkeit entgegenbringt, ist nicht wirklich an mir interessiert".

Was steckt dahinter?

Das überdurchschnittliche Bestreben, *immer* wahr- und ernst genommen zu werden, kommt nicht von ungefähr. Es ist bereits in der Kindheit ausgebildet worden. Zum einen können Eltern, die häufig aufmerksamkeitssuchendes Verhalten belohnen und bekräftigen, dazu beitragen, dass sich hysterische Einstellungen herausbilden. Zum anderen weisen Studien nach, dass histrionische Kinder auch oft ähnlich strukturierte Eltern haben (Fiedler 2001, 276), was für das Modelllernen spricht.

Warum offenbaren ödipale Frauen ausschließlich Verhaltensweisen, die dem weiblichen Stereotyp entsprechen? Es gibt verschiedene Gründe für die Entstehung einer extrem femininen Geschlechtsrollenidentität. Neben lernpsychologischen Erkenntnissen hierzu (1. Verstärkung von „tussihaften" Verhaltensweisen; 2. Erfolgreiche Vermeidung von elterlichen Sanktionen durch passiv-infantiles Auftreten), können auch Erfahrungen aus der Psychoanalyse herangezogen werden. Besonders sensibel sind Kinder für die Geschlechterthematik etwa zwischen dem 4. und 7. Lebensjahr. Die biologischen Unterschiede zwischen Mädchen und Jungen werden dann verstärkt wahrgenommen. Ferner wird in dieser Zeitspanne (phallische Phase) die Geschlechtsidentität maßgeblich ausgeprägt.

Psychotherapeuten fanden heraus, dass zahlreiche ödipal strukturierte Frauen früher von ihren Vätern extrem bevorzugt wurden, wenn sie kindlich-naiv, d. h. stereotyp weiblich auftraten. (Der Vater ist der erste Mann im Leben einer Frau. Er dient als Vorbild für alle späteren andersgeschlechtlichen Beziehungen.)

Flirtet das Familienoberhaupt dauerhaft und übermäßig mit seiner Tochter und schenkt er ihr *vorwiegend* für stereotyp weibliches Verhalten Anerkennung und Aufmerksamkeit, so intensiviert er ödipale Erscheinungsformen. Natürlich ist ihm das nicht bewusst. Vielleicht tut Papa das ja deshalb, weil er an seiner Tochter charakterliche Seiten wahrnimmt, die seiner Gattin gänzlich abgehen. Trotzdem: Seine Erziehung hat nicht unbedingt positive Folgen für sie. Die Kleine lernt ja durch die selektive Aufmerksamkeit ihres Vaters nur, dass man am effektivsten durch das Spiel „Ich bin die kleine süße Prinzessin mit den großen Augen" Aufsehen erregen kann. Das reicht zwar aus, um späterhin durch kindlichen Charme oberflächliches Interesse an der eigenen Person zu erhaschen. Aber keinesfalls kann mit diesem Schema einmal das Leben mit all seinen Aufgaben gemeistert werden. Selbstständigkeit, Selbstdisziplin und aggressive Durchsetzungsfähigkeit bleiben ja außen vor.

Wie sieht es beim Macho-Typ aus? Er hat in seiner Jugend durch typisch männliche Geschlechtseigenschaften wahrscheinlich Vorteile verzeichnet (sonst wären sie nicht beibehalten worden). Es kann z. B. sein, dass extrovertierte Selbstdarstellungstendenzen von den Bezugspersonen als positiv empfunden wurden. Vielleicht fungierte der Vater aber auch selbst als „starkes" Vorbild. Ebenso spielt eine Rolle, wie der Erzieher mit den ersten Konkurrenzversuchen seines Sohnes umging. War der Kleine meistens Sieger? Oder Verlierer? Beides kann Auswirkungen auf die Ausbildung der Geschlechtsrollenidentität haben.

Auf der anderen Seite kann die Mutter durch bestimmte Verhaltensweisen zur Entwicklung von phallisch-narzisstischen Strukturen bei ihrem Sprössling beitragen. Vielleicht erfreut es sie „zu sehr", wenn sich ihr kleiner Mann im Alter von fünf Jah-

ren in sie verliebt und versucht, seinen Vater, den Hauptkonkur-
renten, zu verdrängen. Wenn sie nicht sensibel für diese Thematik ist, d. h. die Flirtversuche oft belohnt, und letztlich ihren Sohn
in seinem „Mann-auf-Probe-Dasein" zu sehr bekräftigt, wird er
vielleicht viel zu früh in ein maskulines Rollenideal gedrängt.

Spiele

Hysterische Struktur allgemein

„Mittelpunkt"

Ziel: Aufmerksamkeit;
Rollen: Schauspieler (Spieler A), Zuschauer (Spieler B);
Inhalt: Schauspieler fällt durch Selbstdarstellung, Inszenierung,
Suizidandrohungen, psychosomatische Beschwerden usw. auf.
Zuschauer ist gewillt, am Geschehen teilzunehmen.

Hysterische Struktur (phallisch-narzisstisch)

„Schlüsselloch"

Ziel: Selbstbestätigung;
Rollen: Erzähler (Spieler A), Zuhörer (Spieler B);
Inhalt: Erzähler berichtet sehr detailliert von seinen Frauenge-
schichten, Zuhörer folgt den Darstellungen.

„Hahn im Korb"

Ziel: Bewunderung;
Rollen: Hahn im Korb (Spieler A), flirtwillige Frauen (Spielerin
B, C, D usw.);
Inhalt: Hahn im Korb wickelt cool fügsame Frauen um den Fin-
ger, sie bewundern seine ausgeprägte Männlichkeit.

„Märchenstunde"

Ziel: Sex;
Rollen: Märchenerzähler (Spieler A), frivole Zuhörerin (Spielerin B);
Inhalt: Nachdem sich die anfangs unbekannten Spieler näher-

kommen, landen sie am selben Abend im Bett. Der üblicherweise länger andauernde Annäherungsprozess wird beschleunigt durch Märchen des Erzählers. Sie tragen Titel wie „Ich habe mich eben voll in dich verknallt", „Du bist echt was Besonderes", „Ich habe noch nie eine Frau wie dich getroffen", „Glücklicherweise bin ich gerade Single".

Hysterische Struktur (ödipal)

„Dornröschen" (Sachse 2004, 56)

Ziel: Erfüllung des Wunsches, den Lebenspartner endlich kennen zu lernen;
Rollen: Dornröschen (Spielerin A), potenzieller Lebenspartner (Spieler B);
Inhalt: Dornröschen gibt sich schwach und passiv neuen männlichen Bekanntschaften gegenüber. Potenzieller Lebenspartner muss lernen zu warten, alle möglichen Widerstände überwinden und schließlich Dornröschen wachküssen.

„Verehrerin" (Berne 1964/2005, 240)

Ziel: ein Leben in Saus und Braus;
Rollen: Verehrerin (Spielerin A), Traummann (Spieler B, meistens eine finanziell unabhängige Berühmtheit im Umfeld);
Inhalt: Verehrerin „verliebt" sich in Traummann. Sie hat ihn noch nie persönlich getroffen, meint aber trotzdem, ihn in- und auswendig zu kennen. Sie setzt *alles* daran, ihn zu verführen. Ihre eigenen Wahrnehmungsverzerrungen hindern sie am Erkennen der Wahrheit – dass sie es eigentlich nur auf den materiellen Besitz abgesehen hat, welcher ihr das ersehnte Leben in Saus und Braus ermöglichen soll.

„Schreiendes Kind"

Ziel: Ausübung von Kontrolle;
Rollen: Schreiendes Kind (Spielerin A), Ehepartner (Spieler B);
Inhalt: Das schreiende Kind versucht, manchmal mithilfe von „Wasserkraft" (Heulanfall), dem Ehepartner ein schlechtes

Gewissen einzureden, etwa so: „Nie kümmerst du dich um mich", „Nie gehst du mit mir weg", „Du liebst mich gar nicht". Ehepartner muss, um mitzuspielen, stets auf Spielerin A eingehen, sie trösten, eigene Fehler einsehen, usw.

Kommunikation und Körpersprache

Histrioniker haben ein starkes Mitteilungsbedürfnis und verwandeln jedes Ambiente in eine Bühne. Intuitiv und dramatisch werden Gefühle, Krankheiten oder „supi" Erlebnisse breit getreten. Der Gesprächspartner wird als Publikum wahrgenommen. Daher kommen auch selten zwei gleichgeschlechtliche Histrioniker groß ins Gespräch. Das beißt sich. Sollte es dennoch passieren, ergibt sich meistens „Chaos Talk". Habe ich selbst ein paar Mal miterlebt. Hochinteressant. Die Protagonisten ringen sekündlich um das (Rede-)Zepter, springen zwischen verschiedenen Themen willkürlich hin und her und feilschen hartnäckig um jede Sekunde Redeanteil. Keine Pause. Nicht ein Hauch von rotem Faden erkennbar.

Phallische Narzissten andererseits erscheinen bei Unterhaltungen cool und selbstsicher. Oft geht es um Themen wie Frauen, Wettbewerbe, Autos, Fußball, Sport, Fitnessstudio, Konkurrenz, persönliche Erfolge, besiegte Gegner. Stellt man sich auf solche Inhalte ein, läuft das Gespräch von selbst.

Ödipal strukturierte Frauen hingegen sind wahre Quasselstrippen. Sie reden viel, vor allem laut und schnell. Ein echtes Wortspektakel. Dies wäre nicht so relevant, müsste man nicht als Gesprächspartner die *volle* Aufmerksamkeit aufbringen. Schon ein kleiner Fehler, etwa ein kurzer Blick auf die Armbanduhr, kann eine übertriebene Reaktion auslösen: „Was ist los?! Ich langweile dich, gell?" Und dann wird *noch* mehr und *noch* schneller geredet.

Selbstverständlich drehen sich die Konversationen vor allem um Männer, Beziehungen (im Allgemeinen und Speziellen), Shoppen, Schuhe, Make-up, Frisuren, Reisen, Zukunftsträume usw.

Wie sieht die Körpersprache aus?

Hysterische Struktur (phallisch-narzisstisch)

- *Haltung* – „Brust raus, Bauch rein"; steht oft bewusst breit-beinig da, Arme in die Seiten gestemmt, wirkt dominant;
- *Gang* – Pfauengang, John Wayne lässt grüßen;
- *Sitzhaltung* – lässig, cool;
- *Mimik* – fällt bei normalen Unterhaltungen sparsam aus, Pokerface;
- *Gestik* – souverän, selbstsicher;
- *Territorialverhalten* – manchmal aufdringlich, die intime Sphäre wird häufig durchbrochen;
- *Sonstiges* – zu fester Händedruck.

Hysterische Struktur (ödipal)

- *Haltung* – elegant, manchmal devot;
- *Gang* – typisch weiblich, beim Gehen lässt Frau die Hüften locker mitschwingen;
- *Sitzhaltung* – Beine übereinandergeschlagen; wirkt manchmal unruhig;
- *Mimik* – stark ausgeprägt, lächelt oft den anderen an;
- *Gestik* – extrovertiert, redet mit Händen und Füßen;
- *Territorialverhalten* – flüchtige Berührungen (vor allem bei nachlassender Aufmerksamkeit des Gesprächspartners);
- *Sonstiges* – Schräglegen des Kopfes beim Flirt, tritt verführerisch auf, übertriebene Nachahmung der Körpersprache des Gesprächspartners, sexy Kleidung, schaut in jeden sich anbietenden Spiegel.

Zusammenfassung

Histrionische Persönlichkeiten neigen zur emotionalen Selbst-darstellung. Frauen imponieren zumeist durch stereotypes „Mäd-chen-Sein"; entsprechende Männer offenbaren oft eine übertrie-bene „Ich-Tarzan-du-Jane"-Mentalität.

Bleibt Anerkennung vonseiten der Umwelt dauerhaft aus, können Stimmungsschwankungen und Depressionen die Folgen sein. Der Kommunikationsstil ist meistens durch hohe Lautstärke und Dramatik charakterisiert. Dabei fällt auf, dass Betreffende zu einem ungenauen, impressionistischen Stil neigen, etwa: „Der gestrige Tag war total supi", der aktuelle Partner ist „ein wunderbarer Mann" und der letzte Urlaub in den USA war „der absolute Hammer".

Eine wesentliche Ursache für die Ausprägung eines histrionischen Charakters scheinen spezifische Erfahrungen in der Kindheit zu sein. Möglicherweise haben die Bezugspersonen über einen längeren Zeitraum hinweg dem Heranwachsenden wenig Interesse entgegengebracht, wenn jener nicht etwas Dramatisches oder Außergewöhnliches erzählt oder aufgeführt hat. Daher übertreiben es Betreffende auch noch heute bei Alltagsgesprächen; dahinter steckt die Angst, dass man nicht wahrgenommen wird.

„Fürchte dich nicht, ich bin bei dir!" – Dependente Persönlichkeiten

„Ich gerate immer an die falschen Männer", eröffnete mir meine gute Freundin Sibylle, 22 Jahre alt, beim Brunchen vor ein paar Monaten. Ihr Erscheinungsbild ist sympathisch, zusagend, und sie macht einen offenherzigen Ersteindruck auf die meisten Gesprächspartner. Ein kuscheliger Wollpulli und ein schöner Strickschal runden ihre angenehme Erscheinung ab.

Sie ist ausgebildete Krankenschwester und geht in ihrem Beruf „voll auf", wie sie stets betont. Ein Bürojob wäre völlig unpassend gewesen, sie wollte lieber mit Menschen zu tun haben und die Welt außerdem durch ihr soziales Engagement ein bisschen besser machen.

„Mit den Männern ist das so eine Sache", sagte sie irgendwann und verdrehte dabei die Augen. „Oft stellt sich nach den ersten Dates heraus, dass er Alkoholiker ist und viele Probleme hat." Solche Erkenntnisse hielten sie bisher aber nicht von weiteren Schritten ab. Die Bindungen mit entsprechenden Vertretern des männlichen Geschlechts klappten am Anfang sehr gut, gingen aber nach einigen Wochen allesamt in die Brüche. „Manche wollen sich halt nicht helfen lassen. Aber was solls, beim nächsten Mann wird alles anders."

Nun, das stellte sich als Irrtum heraus. Nur zwei Wochen nach unserem Brunch traf sie auf einer Single-Party Thorsten. Es funkte sofort zwischen den beiden. Es war wie Magie. Aus zirka 20 partnerschaftswilligen Singles pickte sie ausgerechnet ihn heraus. Die anderen waren „nicht mein Ding, totale Langweiler". Sie tranken dann ein paar Cocktails und fuhren später zu ihr nach Hause. In derselben Nacht hatten sie Sex. Zu seiner beruflichen Lage: Zwei abgebrochene Berufsausbildungen bescherten ihm zuletzt Hartz IV. Sybille investierte bis vor kurzem viel Zeit, Geld und Geduld in Thorsten, denn sie wollte ihn wieder auf den „rechten Weg" bringen. Ihre Bemühungen waren jedoch letztlich fruchtlos. Er blieb so, wie er war. Vor vier Wochen trennten sich die beiden.

Allgemeine Beschreibung

Helfer

Nicht selten findet man überengagierte Helfertypen in sozialen Berufen. Denn auch hier gilt wieder die psychotherapeutische Erkenntnis, dass sich Menschen diejenigen Umwelten suchen, die zu ihrem Charakter passen. Und in sozialpädagogischen Institutionen gibt es immer eine Klientel (Säuglinge, Kinder, Jugendliche, Schüler, Behinderte, Alte), die unter der Obhut von „Helfern" steht.

Der Freundeskreis von Betreffenden ist meist sehr groß. Typischerweise handelt es sich dabei um solche Personen, die häufig irgendwelche Problemchen haben und stets Unterstützung benötigen. Jederzeit kann man den Helfer anrufen und ihm sein Leid kundtun. Er wird Anteil nehmen, Tipps und Ratschläge geben. Doch dummerweise beruhen solche Beziehungen nicht auf dem Prinzip der Gegenseitigkeit. Geht es dem „Fels in der Brandung" einmal schlecht, ist niemand da, der ihm unter die Arme greift. Da fragen sich Betroffene dann oft in einem Anflug von depressiver Verstimmung: „Verbringe ich mein Leben eigentlich nur damit, für andere da zu sein?" Doch auch solche Durststrecken werden irgendwann überwunden und das bekannte Lebensthema „Hilf den anderen, wo du nur kannst" greift wieder. Überhaupt unterhalten Helfertypen meist Beziehungen zu „Hilflosen"; abgelehnt werden entsprechend selbstbewusste, durchsetzungsfähige Personen. *Da springt kein Funke über*, die sind „langweilig".

Oft wird bei extremen Fällen das sogenannte Helfer-Syndrom diagnostiziert. Wolfgang Schmidbauer (1977/2005, 15), eine Koryphäe auf diesem Gebiet, definiert den Begriff so: „Das Helfer-Syndrom ist eine zur Persönlichkeitsstruktur gewordene Unfähigkeit, eigene Gefühle und Bedürfnisse zu äußern, verbunden mit einer scheinbar omnipotenten, unangreifbaren Fassade einer starken Persönlichkeit."

Hilflose

In der Fachliteratur werden Menschen, die ihrem Leben so ohnmächtig gegenüberstehen wie Thorsten, so beschrieben: eingeschränkte Fähigkeit, Alltagsentscheidungen zu treffen, überstarkes Bedürfnis nach Versorgung, klammerndes und gieriges Verhalten.

Hilflose Individuen sind hinsichtlich des Themas Bedürfnisbefriedigung oft „Fässer ohne Boden". Sie haben keine Frustrationstoleranz, können keine Bedürfnisse aufschieben. Sie suchen sich gewöhnlich Partner, die ihnen hierbei stark entgegenkommen (Willi 1975/2001, 94). „Triff du die Entscheidungen für mich", scheinen sie fortwährend zu vermitteln. Weil viele Hilflose der Meinung sind, sie würden alleine nicht existieren, geschweige denn das Leben bewältigen können, klammern sie sich so intensiv an ihren Partner. Ihr Bedürfnis nach Nähe fällt extrem aus. Am liebsten wäre ihnen eine Beziehung „rund um die Uhr".

Auffällige Denkmuster

Helfer

Helferpersönlichkeiten geht im Alltag häufig so was durch den Kopf:
- „Mir geht es gut, wenn ich anderen helfen kann",
- „Ich selbst brauche keine Hilfe, bin bescheiden, aber selbstbewusst",
- „Wenn ich Hilfeleistungen annähme, wäre ich nicht ich selbst".

In Zeiten depressiver Schübe wendet sich das Blatt und negative Schemata übernehmen das Kommando:
- „*Ich* brauche jetzt jemand, der *mich* versteht! Warum ist niemand da?",
- „Die Welt ist so schlecht!",
- „Ich fühle mich minderwertig",
- „Ich tue nicht genug für andere".

Hilflose

Hilflose offenbaren meistens positive Denkroutinen:
- „Ich bin klein, mein Herz ist rein, soll niemand drin wohnen als du allein" (Sachse 2004, 89),
- „Sei für mich da, ich werde es dir mit allem, was ich habe, vergelten",
- „Ich will mit dir voll und ganz verschmelzen",
- „Du kannst alles besser als ich".

In schlechten Zeiten werden negative Schemata aktiviert:
- „Ich bin minderwertig",
- „Ich kriege nichts auf die Reihe",

- „Ohne Unterstützung anderer kann ich nicht existieren",
- „Ich habe es nicht verdient zu leben".

Was steckt dahinter?

Schmidbauer (2007, 43) geht fundiert auf die Ursachen einer Helferstruktur ein. Ich möchte die beiden Mechanismen *Projektion von eigenen Schwächen* und *extreme Identifizierung mit dem Ich-Ideal* aufgreifen. Zunächst ein paar Worte zum Projektionsmechanismus. Man kann annehmen, dass Helfer ihre eigenen Schwächen (jeder Mensch hat welche) verdrängen, abspalten und an anderen sehen (wollen). Dies würde erklären, warum Helfertypen ähnlich strukturierte Personen nie an sich heranlassen.

Wie kommt es dazu? Betreffende mussten früher möglicherweise verschiedene Unvollkommenheiten ihrer Persönlichkeit verbergen (abspalten). Die Verdrängung von „schwachen" Eigenschaften wurde nach und nach automatisiert. Vielleicht musste man auch Mutter und Vater bei der Erziehung jüngerer Geschwister unterstützen. Viel zu früh übernahm man entsprechende Helferrollen. Todesfälle in der Familie, Krankheiten oder Scheidungen können ähnliche Auswirkungen haben.

Dieser kindliche Lebenswandel wirkt prägend. Im Erwachsenenalter empfinden sich Betreffende dann zwar als „Helfer aus Leidenschaft", aber sie brauchen nunmehr „unvollkommene" Mitmenschen in ihrem Umfeld, die die eigenen innerpsychischen Schattenseiten repräsentieren.

Helfer sind meistens auch Sklaven eines irrationalen Ich-Ideals. Der Begriff geht auf Sigmund Freud zurück. Das Ich-Ideal, d.h. unsere subjektiven Vorstellungen, wie wir zu sein haben, wird maßgeblich von den Eltern geprägt. Heranwachsende verinnerlichen in der Regel, was ihre Erzieher als gut und erstrebenswert im Leben erachten. Manche Eltern vermitteln ihren Kindern: „Wer es den anderen nicht recht machen kann, ist kein guter Mensch", „Wer anderen hilft, tut das Richtige" usw. In der Tat leiden viele Helferpersönlichkeiten unter solchen unreflektierten Leitmotiven.

Wie sieht es beim charakterlichen Gegenpol aus? Die Eigenschaften Unselbstständigkeit und Passivität haben natürlich ebenfalls ihre Quellen. Oft trifft man bei der Biografiearbeit mit Hilflosen auf frühkindliche Konstellationen, die die Entwicklung eines stabilen Selbst unmöglich machten. Nicht selten wuchsen Betroffene in wohlbehüteten Verhältnissen auf, in denen zwar Sicherheit und Geborgenheit vorherrschten, aber kein Platz zur Selbstverwirklichung gelassen wurde. Überverwöhnende Eltern nehmen ihren Nachkommen sämtliche Lebensaufgaben aus der Hand, weil „sie es doch nur gut meinen". Um sich das (hohe) Maß an Zuneigung zu erhalten, entwickelt der Heranwachsende meistens zum einen eine stark ausgeprägte Abhängigkeitshaltung, zum anderen auch ein hervorstechendes Empathievermögen – um auf die inneren Zustände der Betreuungspersonen vorauseilend reagieren zu können. Auf der Strecke bleiben dabei aber wichtige Eigenschaften wie Selbstständigkeit und Abgrenzungskompetenz.

Spiele

Helfer

„Bei mir ist es noch schlimmer"

Ziel: Anerkennung;
Rollen: (institutionelle) Helfer unter sich (Spieler A, B, C usw.);
Inhalt: Mindestens zwei Helfer sitzen beisammen (Spieler A, Spieler B). Das Gespräch dreht sich ausschließlich um Hilflose. Man erzählt einander aus dem „pädagogischen Nähkästchen". Dabei übertrifft man sich gegenseitig bei der Darstellung der jeweiligen Arbeitsbedingungen, etwa: „Bei mir ist es noch schlimmer. In meiner sozialen Brennpunktschule erlebe ich wahrhaftig menschliche Tragödien."

„Tischlein, deck dich"

Ziel: Anerkennung;
Rollen: Barmherziger Samariter (Spieler A), Freunde (Spieler B, C usw.);

Inhalt: Der Barmherzige Samariter lädt *mal wieder* zahlreiche Freunde und Bekannte zu sich ein, einfach so. Niemand darf etwas zum Essen oder Trinken mitbringen, der Gastgeber sorgt selbst für das leibliche Wohl aller, selbst wenn er in finanziellen Nöten ist.

Hilflose

„Absturz"

Ziel: Verdrängung der Realität durch rauschauslösende Substanzen;
Rollen: Hedonisten unter sich (Spieler A, B, C, D usw.);
Inhalt: Spieler A, B, C usw. treffen sich, um gemeinsam der „bösen Welt" zu entfliehen. Neben gesellschaftlich geduldeten Drogen wie Alkohol und Nikotin werden manchmal auch illegale konsumiert. Im Kollektiv macht man sich daran, die Distanz zwischen dem Ich und Nicht-Ich (= Umwelt) zu minimieren.

„Was soll ich nur tun? – Siehst Du!"

Ziel: Reduzierung von Schuldgefühlen;
Rollen: Hilfloser (Spieler A), Ratgeber (Spieler B);
Inhalt: Spieler A schildert Spieler B ausführlich sein Leid. Ersterem fällt es sehr schwer, Entscheidungen zu treffen, die sein aktuelles Leben betreffen. „Was soll ich nur tun? Soll ich zum Bewerbungsgespräch gehen? Ich weiß nicht!" Ratgeber drängt Spieler A zu diesem Termin. Spieler A fällt daraufhin gnadenlos durch, „wegen völlig blöder Zufälle". Er kommt zum Beispiel „aus Versehen" zu spät. „Habe den Bus verpasst." Spieler B wird irgendwann von Spieler A konfrontiert mit: „Siehst Du! Ich wusste doch, dass Vorstellungsgespräche einfach nicht mein Ding sind."

Kommunikation und Körpersprache

Helferpersönlichkeiten sind geduldige und einfühlsame Zuhörer. Man kann ihnen bereits beim ersten Gespräch die persönlichsten Geheimnisse anvertrauen, kein Problem. Verständnis und Anteilnahme sind garantiert. Es verwundert nicht, dass gerade diese Eigenschaften auf Hilflose einen unglaublichen Reiz ausüben. „Endlich mal jemand, der mich versteht und meine Sensibilität akzeptiert!"

Aber der Schein trügt. Wer sich einmal unvoreingenommen mit Helfern unterhält, merkt schnell: der andere behält stets das letzte Wort und somit die Oberhand. Anders gesagt, ein Machtgefälle wird etabliert: einer ist der Retter, der andere derjenige, vorsichtig ausgedrückt, der *unbedingt* Hilfe braucht.

Die Verständigung läuft überwiegend auf der Beziehungsebene ab, die Atmosphäre ist sehr angenehm. Und häufig vermittelt der Helfer auf allen Kommunikationskanälen: „Keine Sorge! Ich bin ganz für dich da! Das werden wir schon hinkriegen!" (Schulz von Thun 2001, 79)

Diese Einstellung kann in einer Zweierbeziehung sehr viel Schaden anrichten. Denn einerseits wird der andere intensiv zur Persönlichkeitsentwicklung animiert, andererseits aber auch, was nicht leicht zu erkennen ist, *gleichzeitig daran gehindert.* Inwiefern? Ein Helfer in unserem Verständnis *braucht* einen hilflosen Partner. Wenn der andere tatsächlich irgendwann sein Dasein eigenständig organisieren könnte, *würde man überflüssig werden.* Dieses doppelbödige Spiel – „Ich helfe dir auf die Beine, aber du darfst nicht alleine laufen" – offenbart sich als echte Zwickmühle, auf die wir noch zurückkommen.

Fazit: Helfer kommunizieren sehr empathisch, erscheinen verständnisvoll, suggerieren aber – wenn auch durch die Blume – sogleich, wer am längeren Hebel sitzt: sie selbst. Als Gesprächsthemen kommen in Frage: psychotherapeutische Ansätze, Persönlichkeitsstörungen, biografische (einschneidende) Ereignisse, problematische Beziehungen und Familienstrukturen, Suchtverhalten.

Auch der Gegenpol des Helfers, der Hilflose, offenbart oft einen typischen Kommunikationsstil, der seine innerpsychische Struktur widerspiegelt. Ich sprach mal auf einer Uni-Party eine attraktive Brünette an der Theke an, die da saß wie ein Häufchen Elend: „Tach, hast Du Lust, was mit mir zu trinken?" Sie verblüffte mich mit: „Hi, schön, dass du fragst. Mir geht's heute eh nicht so gut." – „Ach echt? Wieso denn?" Und schwuppdiwupp hatten wir ein (Kommunikations-)Spiel, das wir spielen konnten, nämlich: „Ein verkorkstes Leben".

Hilflose sind wahrlich Experten im Problemwälzen. Bei diesem Zeitvertreib bespricht man Lebensschwierigkeiten bis in alle Ewigkeit, kommt aber, und das ist charakteristisch, nie zu einer Lösung. Die Kindheit wird beispielsweise komplett schwarz gefärbt, jede Liebesbeziehung bis dato ebenso. Hilflose zwingen den anderen so zum Mit-Leiden. Um mit derart Passiven auf Dauer erfolgreich kommunizieren zu können, *muss* man zwangsläufig den aktiven Part übernehmen.

Helfer

- *Haltung* – offen, unversperrt;
- *Gang* – im Allgemeinen flüssig, selbstbewusst;
- *Sitzhaltung* – entspannt, gemütlich;
- *Mimik* – entspannter, offener Blick;
- *Gestik* – neigen dazu, den Gesprächspartner zu berühren;
- *Territorialverhalten* – wahren wenig Abstand;
- *Sonstiges* – Empathieweltmeister.

Hilflose

- *Haltung* – zusammengesunken, eingefallener Brustkorb;
- *Gang* – kleine Schritte;
- *Sitzhaltung* – hängende Schultern, nach vorne gebeugt;
- *Mimik* – Mundwinkel nach unten geformt, „traurige Augen", leerer Blick;
- *Gestik* – sparsam;
- *Territorialverhalten* – wahren wenig Abstand;
- *Sonstiges* – schlaffer Händedruck; tragen das Herz auf der Zunge; durch die devote Körpersprache wird vermittelt: „Nimm mich in den Arm."

Zusammenfassung

Helfer und Hilflose ziehen sich magisch an, denn sie verbindet ein bestimmtes Thema ganz maßgeblich: Fürsorge. Es gibt nur einen Unterschied, aber dieser ist wesentlich: Der Helfer ist, wie der Begriff schon verrät, der aktive Part, der Hilflose der passive. Ersterer wertet sich durch stark ausgebildete Versorgerqualitäten auf.

In ihrer Vergangenheit haben viele Betreffende wahrscheinlich schon früh entsprechende Charakterzüge ausprägen müssen. Bestätigung holen sich Helfer nunmehr, indem sie dem gesellschaftlich anerkannten Ideal des „Helfens aus Leidenschaft" nachkommen. Doch diese Lebensphilosophie steht auf tönernen Füßen. Man nimmt die eigenen Schattenseiten (Schwächen, Minderwertigkeitsgefühle, Passiv-Sein usw.) nicht an sich selbst, sondern verstärkt an anderen wahr.

Als Partner, Freunde und Bekannte bieten sich *sehr* unselbstständige Individuen an. Jene haben wahrscheinlich nie die Chance gehabt, ein stabiles Selbstbild zu entwickeln. Vielleicht haben sie auch durch ihr Umfeld gelernt, dass die Masche „Ich stell mich blöd" erfolgreich ist.

„Ich genüge mir selbst!" – Schizoide Persönlichkeiten

Sven sucht mich wegen „diverser Probleme bei der Partnerwahl" auf. Der 58-jährige Goldschmied wirkt intellektuell, freundlich, aber auch etwas steif. Sein Auto (Jaguar) und Kleidungsstil (Anzug) verraten seine mittelständische Herkunft.

Wir machen es uns in einem Wormser Café gemütlich, und er beginnt, zu erzählen. Er ist trotz fortgeschrittenen Alters immer noch Single, Heiraten kam für ihn nie in Frage. „Wie sieht's aus mit Familie?" – „Fehlanzeige."

Die Frauenwelt ist nach wie vor ein Thema für ihn. Er unterhält eine Fernbeziehung zu einer 45-jährigen Grundschullehrerin. Sie treffen sich jeden Samstag, unternehmen abends „etwas Kulturelles" und schlafen dann miteinander. Über Nacht blieb er bisher nie. Stets fuhr er mit seinem Jaguar noch 150 Kilometer nach Hause. „Sonntags widme ich mich meinen Hobbys: Angeln, Fotografieren und Lesen. Da bin ich am liebsten alleine."

Ich frage ihn nach seiner Kindheit. Sven war das Lieblingskind der Mutter, er hat eine zwei Jahre ältere Schwester. Spielsachen bekam er sehr viele, dafür umso weniger körperliche Streicheleinheiten. Familiäre Rituale gab es so gut wie keine. Gemeinsam gefrühstückt wurde z. B. nie. Auch wurden er und seine Schwester sehr früh regelmäßig zu einer Tagesmutter gegeben. Sein Vater verließ die Familie, da war er erst fünf. „Ab diesem Zeitpunkt wendete ich mich den eher toten Dingen zu: Münzen und Briefmarken."

Mit 28 zog er daheim aus. (Mitten im Gespräch schreit Sven plötzlich quer durchs Café: „Bedienung, ja, hallo, ja, ich hätte gern noch einen Milchkaffee!" Alle Anwesenden schauen kurz verwirrt zu uns rüber, Sven redet weiter, als wäre nichts gewesen.)

Frauen, die ihn schwach machen, „sind sehr gefühlsintensive, extrovertierte Diven". Ich frage ihn, wie denn nun seine Probleme bei der Partnerwahl aussähen. „Also, ich gerate immer an Frauen, die mehr von mir wollen." – „Du meinst z. B. Frauen, denen wichtig ist, dass du nach dem Sex noch bei ihnen bleibst?" – „Ja, genau! Aber ich gerate auch an solche, die mehr Zeit insgesamt mit mir verbringen wollen. Ich bin eher ein Einzelgänger."

Allgemeine Beschreibung

Schizoid strukturierte Menschen zeichnen sich durch ein ausgeprägtes introvertiertes Wesen aus. Sie vermitteln mal mehr, mal weniger durch ihre Erscheinung und ihr Verhalten: *Ich bin nicht von dieser Welt.* Abgrenzung, Distanzierungsstreben sowie Sparsamkeit des emotionalen Ausdrucks sind weitere Charakteristika (Riemann 1961/1999, 75). Gleichzeitig ist häufig ein hoher Intellekt vorhanden. Am liebsten sind sie alleine mit sich selbst, in Gesellschaft fühlen sie sich unwohl. Beziehungen bringen ihnen nicht viel. Darüber hinaus neigen sie zu einzelgängerischen Tätigkeiten und Aktionen.

Eigentlich haben schizoid Strukturierte ein großes Bedürfnis nach zwischenmenschlicher Wärme und Nähe, sie sträuben sich aber gleichzeitig auch dagegen. Ein lockerer Small Talk kann mit schizoid strukturierten Menschen nicht geführt werden; sie wirken so kühl und unnahbar. Weil Mimik und Gestik ebenfalls schwach ausgeprägt sind, kommt der andere schnell zu der Überzeugung, man könne ihn nicht leiden.

Die Kommunikation ist durchtränkt von strikter Förmlichkeit, vor allem im Job. Es kommt daher vor, dass schizoide Arbeitskollegen, die bereits 30 Berufsjahre nebeneinander im Büro sitzen, sich immer noch siezen. Darüber lachen durchschnittliche Menschen wie wir, für Betreffende ist das normal.

Wenig zu lachen haben Frauen, die mit schizoiden Männern zusammenleben. Sie beklagen sich nämlich oft über seine Eisklotzmentalität. Initiative zeigen solche Partner wenig. Eine heiratswillige Frau muss sich entsprechend mit der unromantischen Tatsache anfreunden, dass er nicht (nie) auf sie zukommt und ihr einen Antrag macht. Die Angst vor dem „Endgültigen" bremst ihn. Am wohlsten fühlt er sich, wenn er (inneren und äußeren) Abstand in einer Liebesbeziehung erleben kann. Räumt man ihm diesen bewusst ein, führt dies zu mehr Beziehungsqualität.

Eine andere leidige Sache ist es mit der schizoiden Sexualität. Betreffenden ist es nicht wichtig, Romantik einzubringen, geschweige denn ein fantasiereiches Vorspiel zu inszenieren. Noch trauriger ist es um die Kommunikationsangewohnheiten bestellt Schizoide sind die wahren Weltmeister im Schweigen. Tja, was soll Frau da machen? Später mehr dazu.

Insgesamt kann man sagen, dass Betreffende eine sehr zwiespältig ausgebildete Liebesfähigkeit aufweisen. Sie erlebten wahrscheinlich wenige erfüllende Beziehungen.

Auffällige Denkmuster

Schizoide Persönlichkeiten sind oft der Meinung:
- „Beziehungen bringen nichts",
- „Alleinsein – muss sein",
- „Ich bin mir selbst genug",
- „Ich bin wie der Marlboro-Mann",
- „Der Mensch ist des Menschen Wolf",
- „Reden ist Silber, Schweigen ist Gold".

In Krisenzeiten werden Schemata aktiviert wie:
- „Ich wäre so gerne mit jemandem auf Dauer zusammen",
- „Warum bin ich nur allein?",
- „Mir fehlt emotionaler Austausch".

Was steckt dahinter?

Bereits im Kindesalter zeigen sich bei Betreffenden im Ansatz schizoide Züge: ungeschickter Umgang mit Gleichaltrigen, Einzelgängertum, rudimentäre Ausdrucksweise von Emotionen.

Was sind die Ursachen der charakteristischen Nähe-Distanz-Ambivalenz? Vor allem zwei Aspekte werden von Psychotherapeuten angeführt. Zum einen scheint es einen erbbedingten Faktor zu geben: Neurobiologen nehmen an, dass eine Funktionsstörung des limbischen Systems (Sitz der Emotionen) für die Entstehung von schizoiden Strukturen verantwortlich ist. Auf der anderen Seite werden auch defizitäre Beziehungserfahrungen nachgewiesen (Tress u.a. 2002, 86). Nicht selten findet man in der Biografie von Schizoiden eine Bezugsperson, die das Kind emotional „überschwemmte" bzw. „überrannte", gleichzeitig aber auch unzuverlässig, weil oft nicht verfügbar war (Riemann 1961/1999, 53). Durch entsprechende ambivalente Verhaltensweisen vonseiten der wesentlichen Bezugsperson entwickelt sich leicht ein ähnlich zwiespältiges Nähe-Distanz-Bedürfnis aufseiten des Kindes. Rainer Sachse (2006, 104) kommt zu dem Schluss, dass Schizoide in der frühen Kindheit emotional verwahrlosten.

Doch tragischerweise (aus Sicht von Schizoiden) sind wir Menschen zweifellos auf zwischenmenschlichen Kontakt angewiesen. Joachim Bauer (2007a) hat die Wichtigkeit von authentischer, inniger Verständigung dokumentiert. Unser Gehirn schüttet enorme Mengen an Glückshormonen aus, u.a. Dopamin und Oxytocin, wenn wir gelingende Beziehungen erleben.

Was hingegen oft dabei herauskommt, wenn die Bedingungen zum Erlernen von sozialer Intelligenz nicht gegeben sind, sieht man deutlich bei der schizoiden Struktur. Fatalerweise haben die charakteristischen Erlebnisse mit den Erziehern starke Spuren hinterlassen. Das Bedürfnis nach Intimität und Herzlichkeit ist in diesen Fällen verdrängt. Doch der Antrieb, mit anderen zu kooperieren, meldet sich immer wieder. Und genau das macht Einzelgängern am meisten zu schaffen. In guten Zeiten kommen Betreffende gut mit sich selbst zurecht, in schlechten leiden sie.

Spiele

„Komm her, geh weg"

Ziel: kurzfristige Intimität ohne weitere Verpflichtungen;
Rollen: Rosenkavalier (Spieler A), Interessierte (Spielerin B);
Inhalt: Spieler A und Spielerin B treffen entweder zufällig aufeinander oder anlässlich eines Blind Dates. Der Rosenkavalier bezirzt die Interessierte. Beide verstehen sich gut und kommen sich näher. Ein Kuss, manchmal auch ein One-Night-Stand rundet den anregenden Abend ab. Obwohl sich beide sympathisch finden, ist ein weiteres Treffen ausgeschlossen. Bei einem der beiden – oder bei beiden gleichzeitig – werden Ängste vor „zu viel Nähe" ausgelöst.

„Fachliche Diskussion"

Ziel: Herstellung einer emotional gefärbten Atmosphäre;
Rollen: Diskussionsteilnehmer (Spieler A, B, C usw.);
Inhalt: Mindestens zwei Spieler diskutieren über ein berufsspezifisches Thema. (Nicht-schizoiden-)Außenstehenden kommt

dabei leicht der Begriff „Fachidiotie" in den Sinn. Obwohl die Diskussion auf hohem intellektuellem Niveau geführt wird, ist dennoch erkennbar, dass ansatzweise emotionale Streicheleinheiten ausgetauscht werden.

Kommunikation und Körpersprache

Schizoide Persönlichkeiten verhalten sich in Alltagssituationen oft kühl, ablehnend, manchmal erscheinen sie auch ruppig (Fiedler 2001, 184). Lob oder Kritik perlt an ihnen einfach ab – interessiert sie nicht. Sachlichkeit steht hoch im Kurs, und zwar auf Kosten von Herzlichkeit, Sozialkompetenz und Einfühlungsvermögen. Man hat als Gesprächspartner meistens das Gefühl, mit einem besonnenen, „vernunftbegabten", aber vor allem spaßbefreiten Mitmenschen zu sprechen.

Ziel des schizoiden Kommunikationsstils ist es, Distanz herzustellen; Nähe wird als bedrohlich wahrgenommen. Nach den Erkenntnissen von Schulz von Thun (2001, 192) ist die Sachseite bei der Verständigung am stärksten ausgeprägt.[6] Emotional kommt man nicht an sie heran, die Gespräche sind staubtrocken. Das liegt natürlich auch daran, weil Betreffende selbst nicht leicht Zugang zu Emotionen herstellen können. Man sollte sich daher am „rationalen Gesprächsfaden", den der Interaktionspartner fortlaufend spinnt, erst einmal orientieren. Erwarten Sie nicht, dass private Dinge besprochen werden.

Was kann man über die Körpersprache sagen?
- *Haltung* – steif:
- *Gang* – dito;

---

[6] Während ich diese Zeilen schreibe, fallen mir spontan der eine oder andere Lehrer aus meiner Schulzeit, aber auch einige Professoren an der Uni ein, die durch ähnliche schizoide Auffälligkeiten den Eindruck eines perfekten Elfenbeinturmbewohners machten. Überzeugend unempathisch wurde der Lehrstoff durchgezogen, natürlich per Frontalunterricht. *Langweilig.* Und solche Leute schreiben auch ihre Veröffentlichungen in „schizoidisch"!

- *Sitzhaltung* – distanziert;
- *Mimik* – Blickkontakt wird in der Regel vermieden;
- *Gestik* – sehr rudimentär;
- *Territorialverhalten* – weite räumliche Entfernung;
- *Sonstiges* – ungeschicktes Agieren in sozialen Situationen.

Zusammenfassung

Schizoide Persönlichkeiten befinden sich oft in einem typischen Nähe-Distanz-Konflikt. Einerseits suchen sie emotionale Nähe zu Mitmenschen, haben also entsprechend hervorstechende Verschmelzungswünsche, andererseits fürchten sie deren Realisierung. Sie leben aus diesem Grund meistens zurückgezogen. Sehr selten werden Kontakte oder enge Beziehungen außerhalb des Kreises der Verwandten ersten Grades geknüpft.

Der Gefühlsausdruck ist insgesamt stark eingeschränkt, ihr distanzierter Kommunikationsstil sorgt für den nötigen Abstand im zwischenmenschlichen Miteinander. Schizoide haben manchmal Inselbegabungen in folgenden Bereichen: Mathematik, (theoretische) Philosophie, Astronomie, Computerprogrammierung, Ingenieurswesen. Sie interessieren sich wenig für Lob oder Kritik an ihrer Person.

„Alle sind gegen mich!" – Paranoide Persönlichkeiten

Mareike, 26 Jahre, hat mit ihrem Freund Sven (30) nicht gerade das große Los gezogen. Er ist extrem eifersüchtig – was die gemeinsame Beziehung ungemein belastet. „Das war am Anfang nicht so", erzählte sie mir unter vier Augen. „Er war nett und alles. Aber als er nach ein paar Tagen begann rumzunerven, hätte ich eigentlich merken müssen, dass da was nicht stimmt." Sie

meinte solche Fragen: „Wo warst du?", „Mit wem warst du weg?",
„Warum bist du vor 20 Minuten nicht ans Handy gegangen?"

Svens Eifersucht nahm allmählich immer mehr Platz ein. Er
verfolgte sie, wenn sie mit ihren Freundinnen unterwegs war,
lauerte ihr sogar eines Abends an ihrem Auto auf. Die Krönung
von alldem: Als die beiden in einer Disco Cocktails tranken,
sprang Sven plötzlich von seinem Barhocker auf, rannte
20 Meter quer über die Tanzfläche und baute sich vor irgendei-
nem Typen auf. Mareike war fassungslos. Nach dem verbalen
Tumult fragte sie: „Was war das denn eben?" Er verstand die Welt
nicht mehr: „Kuck nicht so dumm aus der Wäsche! Du hast doch
die ganze Zeit mit dem da geflirtet. Und sag jetzt bloß nicht, dass
du ihn nicht kennst." Seit diesem Abend dachte Mareike ernst-
haft daran, sich von Sven zu trennen.

Die Situation spitzte sich zu, als sie zufällig herausfand, dass
Sven schon wegen schwerer Körperverletzung im Knast saß.
Darauf angesprochen, rechtfertigte er sich lapidar mit: „Hey, der
Typ hat mich schräg angekuckt, der wollte Stress mit mir, und da
musste ich mich halt wehren." Ich machte ihr den Vorschlag,
dass wir alle mal „drüber reden". Sven war anfangs dagegen,
stimmte dann aber zu.

Das Gespräch verlief so lala. Vieles lag im Argen. (Zwischendurch musste ich Sven natürlich immer wieder versichern, dass
nichts zwischen mir und Mareike lief.) Er konnte aber in unserer
Runde in einer entspannten Atmosphäre endlich einmal seine Ver-
lustängste verbalisieren. Er hatte – und jetzt kam es endlich heraus
– schlicht und einfach Angst, Mareike zu verlieren. Hier lag der
maßgebliche Grund für seine Eifersucht. Es war für ihn einfach
unvorstellbar, dass man seinem Partner auch vertrauen kann. Seine Mutter war ihm hierbei ein „passendes" Vorbild: sie heiratete insgesamt viermal – was u.a. dazu beitrug, dass er in der frühen
Kindheit wenig Urvertrauen entwickeln konnte. Ihm wurde stets
vor Augen geführt, dass Beziehungen nicht verlässlich sind, dass
Versprechen und Beschwichtigungen nichts, aber auch gar nichts
bedeuten müssen. Nun konnte Mareike endlich seine Eifersucht
verstehen. Beide entschlossen sich zu einer Paartherapie.

Allgemeine Beschreibung

Sehr schwierig gestaltet sich der Umgang mit paranoiden Persönlichkeiten. Sie sind extrem „stachelig", weil ständig misstrauisch. Sie erwarten geradezu, von anderen benachteiligt, ausgenutzt oder getäuscht zu werden. Schnell sind sie auf 180, von jetzt auf gleich. Sogar auf Harmlosigkeiten im zwischenmenschlichen Alltag wird aus heiterem Himmel mit z. T. heftigen Gegenattacken reagiert. „Was ist los!? Hm. Warum guckst du mich andauernd so an. Hm!?" Als Gesprächspartner fühlt man sich durch solche Provokationen derart vor den Kopf gestoßen, dass man manchmal mit offenem Mund dasteht und die Welt nicht mehr begreift.

Gelangt ein paranoid Strukturierter einmal zu dem Schluss, dass er „ausnahmsweise" den anderen zu Unrecht beleidigt hat, so bleibt die angebrachte Entschuldigung doch aus. Das alles ist natürlich nicht dazu angetan, bei den Mitmenschen gut anzukommen. Tatsächlich zieht paranoides Auftreten soziale Ausgrenzung nach sich. Hieraus entsteht meist ein Teufelskreis: Isolierte Paranoiker sind der Meinung: „Ich muss misstrauisch sein, *weil* ihr mich ausgrenzt", das soziale Umfeld findet: „Wir grenzen dich aus, *weil* du so misstrauisch bist."

Betreffende sind aus ihrer (verschrobenen) Sicht natürlich *immer* die Opfer. „Alle haben was gegen mich!" Wer mit einem paranoiden Menschen zusammen war (oder ist), der weiß, dass Eifersucht ein zentrales Thema ist. Paranoiker wollen unbedingt immerzu nachweisen, dass der andere eine Affäre hat. Man spioniert ihm nach, denn er *muss ja untreu sein* (Shapiro 1965).

Im Beruf gehen paranoid Strukturierte sprichwörtlich über Leichen. Nicht selten steckt in dem einen oder anderen erfolgreichen Politiker oder Unternehmer eine akkurate „paranoide Seite". Beliebt sind Betreffende natürlich nicht, man fürchtet sie in ihrer Rolle als Despoten. Mit solchen Geistern ist nicht gut Kirschen essen.

Zusammenfassend gesagt, sind paranoide Strukturen sehr misstrauisch, manchmal streitsüchtig und häufig latent aggressiv. Sie fühlen sich permanent benachteiligt und betrogen.

Auffällige Denkmuster

Entsprechend fällt das Denken von Betreffenden aus. Oft offenbaren sie folgende Schemata:

- „Angriff ist die beste Verteidigung",
- „Irgendwann wird mir jeder wehtun",
- „Ich muss höllisch aufpassen, dass mich niemand hintergeht",
- „Jede Äußerung ist potenziell gegen mich gerichtet".

Aber auch solche Selbstbilder werden zwischendurch aktiviert:

- „Ich möchte zwischenmenschliche Nähe",
- „Mir fehlt ein freundliches Wort",
- „Ich brauche Zuneigung".

Was steckt dahinter?

Wenn wir die Psychodynamik ins Auge fassen, so müssen wir annehmen, dass Betreffende in der frühen Kindheit zahlreiche einschneidende Lebensereignisse in Form von schwerwiegenden zwischenmenschlichen Konflikten oder Krisen erfahren haben. Wäre dem nicht so, würden sie ja im Erwachsenenalter nicht so hypersensibel bzw. feindlich auf die Umwelt reagieren. Klar. Dass ein solches Übermaß an vorauseilender Abwehr infantil und bei weitem nicht mehr angebracht ist, sehen Betreffende nicht; sie sind gefangen in ihrer kindlichen Wahrnehmung.

Man kann sich vorstellen, welche psychischen Belastungen früher vorgelegen haben: existenzielle Bedrohungen, schwere Frustrationen, die gar nicht erst das fundamental wichtige Urvertrauen haben aufkommen lassen. Andere Ursachen können Traumatisierungen aller Art, emotionale Vernachlässigung oder Abweisung der kindlichen Grundbedürfnisse vonseiten der Bezugspersonen sein. Aus diesen Gründen haben Betreffende eine wirksame Abwehr aufgebaut, die sie meist ihr Leben lang nicht mehr „runterfahren".

Im Zuge der unbewussten Wahrnehmungsstörung *Projektion*, die des Weiteren dafür sorgt, dass aktuelle Gesprächspartner im Lichte der (nicht immer netten) Bezugspersonen von damals erscheinen, sehen sich paranoide Persönlichkeiten intuitiv als „Opfer des Alltags" (siehe unten). Gegen diese Grundstimmung kämpfen sie vorauseilend an. Im Zuge der Verarbeitung der überwiegend negativen Kindheitserfahrungen erwarten Paranoiker immer wieder aufs Neue, angegriffen und gedemütigt zu werden. Daher ist es sehr schwierig, mit ihnen warm zu werden.

Spiele

„Untreuer Partner"

Ziel: Bestätigung der eigenen Vorwürfe;
Rollen: Ankläger (Spieler A), Angeklagte (Spielerin B);
Inhalt: Spieler A konfrontiert Spielerin B mit allerhand Unterstellungen. Es läuft stets darauf hinaus, dass sie untreu war. Spielerin B verteidigt sich. Permanent geht es hin und her – ohne ein Ende in Sicht.

„Ich bin immer der Dumme"

Ziel: Beweis der eigenen Wahrnehmung;
Rollen: Erzähler (Spieler A), Zuhörer (Spieler B);
Inhalt: Durch dieses Spiel vermittelt Spieler A dem Gesprächspartner, dass seine negativen Annahmen über die „böse" soziale Umwelt allesamt zutreffen. Es werden Geschichten präsentiert, die belegen, dass sich alle gegen Spieler A verschworen haben. Etwa so: „Pass' auf, im Job, da wurde ich gestern so was von gemobbt; aber denen habe ich es gegeben!", oder: „Heute war ich auf Amt X; die wollten mir meinen Antrag nicht unterschreiben. Da habe ich sofort nach dem Chef geschrien. So ist die Welt von heute eben!" Spieler B tut nichts anderes als zuhören und Spieler A bestätigen.

Kommunikation und Körpersprache

Paranoiker vermitteln meistens die Botschaft: „Leg dich nicht mit mir an, Freundchen!" Das Gesprächsklima ist gewöhnlich sehr kühl. Man schüchtert die anderen ein, um seine Ruhe zu haben. Das beginnt bereits beim ersten Blickkontakt: er wird geradewegs gehalten. Das soll bedrohlich wirken und tut es auch. Späterhin sprechen paranoide Persönlichkeiten oft Unterstellungen aus: „Herr Friedensstörer, Sie haben mir schon wieder Formulare auf den Schreibtisch gelegt, für die ich nicht zuständig bin; Sie wollen mich wohl auf den Arm nehmen!?"

Ein paranoid strukturierter Arbeitskollege wird immer mal wieder meinen, man hätte mit Absicht etwas „gedreht", um ihn irgendwie zu benachteiligen. „Das machen Sie doch mit Vorsatz!" Oft steht man als Gesprächspartner unter Zwang, die zahlreichen Verdächtigungen des anderen zu zerstreuen und plausibel die eigene Unschuld zu beweisen. Das geht aber nicht „einfach so". Man braucht Geduld und viel Frustrationstoleranz.

Natürlich hat man immer die Wahl, wie man mit derartigen Provokationen umgeht. Sicherlich unpassend ist es, dem paranoiden Chef unreflektiert Kontra zu geben. Das würde ihn in seiner verqueren Wahrnehmung bestärken.

Sie sollten sich stets bewusst machen, dass Paranoiker eigentlich nur aufgrund ihrer Kindheitserfahrungen ihr soziales Umfeld leiden lassen. Auch die Körpersprache offenbart paranoide Merkmale:

- *Haltung* – angespannt;
- *Gang* – nervös;
- *Sitzhaltung* – abwehrend;
- *Mimik* – dito;
- *Gestik* – rudimentär ausgeprägt;
- *Territorialverhalten* – man legt Wert auf Abstand.

Zusammenfassung

Paranoide Persönlichkeiten sind von allen hier behandelten Charakteren die stacheligsten. Ständig versuchen sie zu beweisen, dass andere etwas Böses gegen sie im Schilde führen. Die Treue des Partners ist aus Sicht des Betreffenden eine Farce. Eine übertriebene Empfindlichkeit bei Rückschlägen und Zurücksetzung im Alltag ist augenscheinlich. Paranoiker erscheinen affektiert. Sie werden geradezu beherrscht von Aggression, Wut und Enttäuschung. Die Umwelt insgesamt wird als feindselig wahrgenommen.

Hinter diesen Phänomenen verbergen sich meistens immense Verletzungen des Selbstwertgefühls in der Kindheit, verursacht etwa durch Traumatisierungen oder erniedrigende Verhaltensweisen vonseiten der sozialen Umwelt.

Konstruktiver Umgang mit anstrengenden Menschen

Das Verstehen des Mitmenschen ist von großer Bedeutung für ein glückliches und erfolgreiches Leben.

– Josef Rattner

Was man immer bedenken sollte

Zunächst ist generell zu bemerken, dass dies eine typisierende Beschreibung schwieriger Persönlichkeiten war; dass sie in dieser Reinform selten vorkommen. Meist trifft man gemilderte Ausprägungen an, die das Zusammenleben aber nicht minder belastend und schwierig machen. Die im Alltag oft verschleierten Grundbedürfnisse der hier behandelten schwierigen Persönlichkeiten sind uns mittlerweile klar geworden: Narzissten wollen um jeden Preis Hochachtung und Anerkennung, Zwanghafte neigen zur Selbst- und Fremdkontrolle, sogenannte Machos und It-girls streben nach Bestätigung ihrer jeweiligen (einseitigen) Geschlechtsrollenidentität; Dependente offenbaren sich entweder als Helfer oder als Hilflose; Schizoide sorgen wirksam für emotionalen Abstand im Alltag, und Paranoiker malträtieren ihre Mitmenschen durch vorauseilende Aggressionsbereitschaft, um ihr fragiles Selbst zu schützen.

Es ist unumgänglich zu klären, was im Umgang mit schwierigen Menschen machbar ist und was nicht. Vorab so viel: Wer davon überzeugt ist, dass man komplexe Charaktere *ändern* kann, sitzt einem Irrtum auf. – Wir Menschen tun eigentlich fortwährend das, was unsere unbewusst gereiften psychischen Strukturen und Motive uns vorgeben, wie neurowissenschaftliche Studien nachweisen (Roth 2007). Anders gesagt: Wir alle sind Gewohnheitstiere. Das gilt insbesondere auch für die hier thematisierten Strukturen. Obwohl sie unter ihrem jeweiligen Persönlichkeitsstil selbst leiden, stellen sie ihn gewöhnlich nie in Frage.

Aus einem Saulus lässt sich nicht ohne weiteres ein Paulus machen. Es geht auch gar nicht darum, diese Menschen zu verändern, sondern die Beziehung mit ihnen erträglich und möglichst konfliktarm zu gestalten. Der erste Lichtblick: *Beziehungen zu schwierigen Menschen lassen sich verbessern, wenn man trotz ihrer Stacheligkeit empathisch und verständnisvoll bleibt.* Das allerdings ist wahrlich eine sehr anspruchsvolle Aufgabe.

Wie schafft man es überhaupt, auf Dauer schwierigen Menschen *positiv* zu begegnen? Wir müssen zunächst einen Schritt zurücktreten und die Sache objektiver betrachten. Wir haben oben gesagt, dass problematische Charaktereigenschaften eigentlich früher einmal Kompetenzen waren, sich an bestimmte stress-spezifische kindliche Verhältnisse anzupassen. Schwierige Menschen können so gesehen nichts für ihren Persönlichkeitsstil, sie sind „gebrannte Kinder" (v. Xylander). Daher sollten wir ihnen auch grundsätzlich Empathie und Verständnis für ihre Macken entgegenbringen. Machen Sie sich also bewusst:

- Narzissten entwickelten aus einem Anerkennungs-Mangel heraus selbstsüchtige Verhaltensweisen;
- Zwanghafte mussten, um sich die elterliche Aufmerksamkeit zu sichern, lernen, Gefühle zu kontrollieren und sich im hohen Maß an Anforderungen anpassen;
- Machos mussten vielleicht bereits in zu jungen Jahren schon „ihren Mann stehen", It-girls bekamen nur Zuspruch von ihrer Umgebung, sofern sie dem weiblichen Idealtyp entsprachen;
- Helfer kompensieren nunmehr Minderwertigkeitsgefühle durch extrem ausgeprägte Hilfsbereitschaft – das Seelenheil von Hilflosen ist andererseits abhängig davon, ob jemand in ihrer Nähe ist, der sie umsorgt;
- Schizoide haben aufgrund von negativen Erfahrungen gelernt, dass es sinnvoller ist, sich gegenüber der Umwelt emotional zu verschließen und sich räumlich abzukapseln;
- Paranoiker erlebten früher oft massive Verletzungen, eventuell körperliche und seelische, weshalb sie sich nunmehr durch extremes Misstrauen schützen.

Hilfreich ist es auch, wenn man sich bewusst macht, dass die Stacheln von schwierigen Personen, die einen manchmal pieksen, eigentlich gar *nicht einem selbst gelten*. Es werden lediglich unliebsame Personen aus der Vergangenheit projiziert. „Anstatt des Menschen, der in Fleisch und Blut vor ihm steht, sieht er nur ein verzerrtes und nach außen projiziertes Spiegelbild seiner eigenen Illusionen, seiner Wünsche, Befürchtungen oder negativen Erfahrungen", stellte schon scharfsinnig v. Xylander (1958/1972, 83) fest. Folgenden hilfreichen Satz müssen Sie sich daher ins Bewusstsein rufen können: „Er/sie kann mich gar nicht meinen, er/sie projiziert nur eigene negative Beziehungsstrukturen."

Das Wissen um die psychodynamischen Hintergründe hilft dabei, inneren Abstand herzustellen, wenn es nötig ist.

Die Schlüssel zum Erfolg – Anpassung und Konfrontation

Am besten ist es – und das ist der praktische Schritt –, sich im Umgang mit schwierigen Menschen bewusst an die Bedürfnisebene des anderen anzupassen. Im Klartext: Geben Sie diesen Menschen genau das, was sie gerade benötigen. Narzisstisch strukturierten Personen schenken Sie von Zeit zu Zeit ein aufrichtiges Lob; schizoiden Menschen gegenüber wahren Sie Abstand, Paranoiker werden vorerst gar nicht kontaktiert usw.

Wer sich zur Motivebene (authentisch!) komplementär verhalten kann, stellt sicher, dass sich schwierige Menschen akzeptiert und anerkannt fühlen. Was passiert über kurz oder lang? Die schwierigen Menschen in Ihrem Umfeld werden es Ihnen danken, indem sie Vertrauen zu Ihnen aufbauen. Man muss aber permanent aufmerksam sein und darf keine Fehler machen. Ohne Vertrauen, das durch komplementäres Verhalten entsteht, *geht gar nichts.* Fehlt die Bindung, fehlt auch jegliche Motivation zu einem konstruktiven Miteinander.

Hierbei hilfreich sind auch Kommunikationstechniken aus der Gesprächspsychotherapie, etwa das Aktive Zuhören, Paraphrasieren usw. Alles, was hilft, Verständigung eindeutiger und stimmiger zu gestalten, darf eingesetzt werden.

Fünf Formen der Anpassung

Joachim Bauer hat in seinem Buch *Prinzip Menschlichkeit* (2007b, 190) fünf Komponenten zusammengefasst, die Vertrauen im sozialen Alltag entstehen lassen. Für unsere speziellen Zwecke wurden sie etwas modifiziert:

1. *Menschen mit einer schwierigen Persönlichkeit wollen wahrgenommen werden.* – *Nichtbeachtung* ist ein absoluter Beziehungs-

und Motivationskiller. Bleiben Sie daher schwierigen Menschen gegenüber offen, denn sie sind durchaus beziehungsmotiviert.

2. *Gemeinsame Aufmerksamkeit.* – Wenden Sie sich doch einmal gezielt denjenigen Themen zu, die die schwierige Person in Ihrem Umfeld interessiert. Reden Sie beispielsweise mit Schizoiden bewusst über „trockene Inhalte", mit Narzissten über deren Erfolge, mit Hilflosen über das „Leiden in der Welt". Stellen Sie offene Fragen und geben Sie dem Gegenüber Gelegenheit, sich mitzuteilen. Vielleicht finden sich Gemeinsamkeiten; und die verbinden ungemein!

3. *Emotionale Resonanz.* – Wer die Stimmung seiner Mitmenschen zu einem gewissen Grad innerlich nachvollziehen kann, erschafft auch eine nach außen hin sichtbare Resonanz. Dies zieht einen wirksamen Vorteil nach sich: Wir finden Menschen meistens automatisch sympathisch, die unsere Gefühle spiegeln. Hierzu muss man bei Bedarf an seiner Empathie-Kompetenz arbeiten.

4. *Gemeinsames Handeln.* – Ignorieren Sie solche Menschen nicht, inszenieren Sie zwischenmenschliche Begegnungen oder unternehmen Sie etwas mit ihnen. Ein Projekt im Job etwa, an dem alle im Team mitarbeiten, kann positiv „einschlagen". Durch den persönlichen Kontakt werden außerdem Vorurteile abgebaut, man lernt sich besser kennen und vielleicht auch mehr respektieren.

5. *Wechselseitiges Verstehen von Motiven und Absichten.* – Wechselseitiges Verstehen gelingt nur, wenn man zuvor die vier anderen Komponenten erfolgreich umgesetzt hat. Beziehungen, in denen die Beteiligten spüren, was im anderen vor sich geht, sind zweifellos die glücklichsten. Doch um diesen Zustand zu erreichen, muss täglich ein hoher Grad an Aufmerksamkeit bestehen – sich selbst und anderen gegenüber.

Anpassung alleine reicht nicht aus, um Beziehungen zu verändern

Durch authentische Anpassung an die Bedürfnisebene können Sie Zuneigung provozieren und „Beziehungskredit" (Sachse) aufbauen. Doch dies ist bezüglich des Umgangs mit schwierigen Persönlichkeiten leider nur die Pflicht. Denn alleine durch Anpassung verändert sich gar nichts. Im Gegenteil, durch komplementäres Verhalten werden die jeweiligen charakterlichen Schwierigkeiten stabilisiert.

Es bedarf noch einer weiteren Methode, um etwas zu bewegen: das Prinzip Konfrontation. Sie brauchen beide Faktoren! Schulz von Thun (2001, 17) ist derselben Meinung: „Akzeptation ohne Konfrontation (...) wird zur konfliktscheuen Harmonisierung und gefährdet (irgendwann) die Beziehung ebenso wie die fortwährende Konfrontation, die nicht von akzeptierender Haltung begleitet ist und dann zur vernichtenden Entwertung missrät."

Aber, ganz wichtig: Sie können niemals den anderen gewinnbringend mit den Kosten seines Verhaltens konfrontieren, wenn Sie nicht zuvor durch Anpassung an seine Bedürfnisebene kontinuierlich Beziehungskredit erworben haben!

Konfrontation ist, vor allem wenn man sie nicht gewohnt ist, meistens eine unschöne Sache; für Sie selbst und für den anderen sowieso. Für die schwierige Menschen ist Konfrontation belastender, weil sie dazu animiert wird, *gerade dasjenige Verhalten zu hinterfragen, das zwecks Sicherstellung des eigenen Seelenfriedens mit allen möglichen Mitteln aufrechterhalten wird.* Und doch müssen Sie sich der Mühen unterziehen, wenn Sie private Verhältnisse verbessern wollen. Jegliche Konfrontation mit dem eigenen Ich rüttelt verständlicherweise am Selbst- und Weltbild des Betreffenden. Daher gilt: *Je stabiler die Beziehung, desto mehr Konfrontationsbereitschaft kann gezeigt werden.* Mit einer klugen Mischung aus Anpassung und Konfrontation können Sie viel erreichen. Sobald schwierige Menschen in Ihrem privaten Umfeld *verstehen,* warum sie so sind, wie sie sind, und was das im Hier und Jetzt für die Umwelt bedeutet, können zukünftig Alternativen in Betracht gezogen werden.

Es geht also darum, dass man den anderen behutsam auf seine irrationalen Wahrnehmungen, die ihm nicht bewusst sind, hinweist. Nehmen wir z.B. nachteilige Schemata wie: „Ich bin hilflos" (dependente Struktur) – „Ich bin der Star!" (narzisstische

Struktur). Hiervon Betroffene wissen nicht, dass nur eigene Erfahrungen mit dem sozialen Umfeld für diese Wahrnehmungen verantwortlich sind. Durch spezifische biografische Gespräche, sogenannte Zwiegespräche, kann man gemeinsam so etwas wie „Psychoanalyse light" betreiben. Dadurch lernt sich der andere schrittweise besser kennen und kann sich ändern – *wenn er will*. Dazu später mehr.

Allgemeine Empfehlungen zum Umgang mit Psycho-Spielchen

Nun zu den Psycho-Spielen. Jede einzelne Struktur bevorzugt ihre eigenen. Selbstverständlich setzt das Prinzip Anpassung direkt an den entsprechenden Arrangements an. Sie sollten also grundsätzlich kein Spielverderber sein.

In ihrem Buch *Schluss mit diesen Spielchen* (2007, 194ff.) beschreiben Renate und Ulrich Dehner konstruktive Umgangsformen mit Spielen, die u.a. dem Prinzip Konfrontation entsprechen. Im Folgenden will ich einige nützliche Tipps hier aufgreifen:

1. *Deutliche Kontextmarkierer setzen.* – Wenn etwa Ihr paranoid strukturierter Arbeitskollege Ihnen häufig ankreidet, Sie würden etwas gegen ihn aushecken oder z.B. seine Projekte sabotieren, kann es sich lohnen, dass Sie ganz deutlich machen, wie Sie Ihre Rolle in der Abteilung definieren. Um weitere Missverständnisse zu vermeiden, können Sie beispielsweise gezielt ein Meeting einberufen, bei dem das Anliegen in aller Klarheit angesprochen wird. Dann gilt es, unmissverständlich falsche Auslegungen vor allen Mitarbeitern aus dem Weg zu räumen.

2. *Die Interessen des anderen erfragen.* – Mittels verschiedener Spiele ist es möglich, so haben wir oben gesehen, sein eigenes Innenleben vor anderen zu verbergen. Insbesondere schizoid Strukturierte sind in Bezug auf das Thema „Ich bin ein Buch mit sieben Siegeln" ein Paradebeispiel. Probleme werden meistens nicht direkt angesprochen, sie bleiben

ungeklärt irgendwo im Raum stehen. „Nein, Schatz, es ist nichts, was soll denn sein?" Entsprechend heißt dieses schizoide Spiel „Es gibt keine Probleme – aber eigentlich doch". Wer mit so einem Menschen zusammenlebt, sucht am besten in einer geeigneten Atmosphäre ein klärendes Gespräch, in dem man sich gemeinsam auf die Suche nach der Wahrheit macht: „Also, ganz ehrlich. Wenn du im Alltag oft sagst, es sei nichts, dann ist eigentlich doch was, oder?" Natürlich reicht ein Versuch nicht aus, um etwas zu bewegen.

3. *Spitzen ignorieren.* – Insbesondere Paranoiker und Narzissten teilen im Spiel-Alltag gerne aus und zeigen offen Aggression und Feindseligkeit. In solchen Momenten verspürt man als Gesprächspartner meistens den Drang, sich zu verteidigen oder den anderen seinerseits anzugreifen. Wenn Sie dies aber tun, spielen Sie nur das jeweilige Spiel mit. *Darum geht es dem anderen ja.* Eine andere Idee: Bleiben Sie auf der rationalen Ebene. Gehen Sie sachlich mit Spitzen um (etwa bei: „Was wärst du ohne mich!" – dependente Struktur). Fragen Sie nach, was der andere *genau* meint. Ähnliches gilt bei verletzenden Sprüchen von Paranoikern (etwa: „Du betrügst mich!"). Wenn rationales Argumentieren aber gar nichts bringt, beenden Sie mit Nachdruck das Gespräch – dann endet auch das Spiel. Und – nie vergessen! – machen Sie sich bewusst: er/sie kann Sie nicht als Person meinen. Das ganze Theater entspricht nur einer Szene aus seiner/ihrer Vergangenheit. Wenn Sie die üblichen Provokationsversuche ignorieren, treibt es der andere sicherlich mal auf die Spitze. Aber auch das geht vorbei. Der Betreffende wird irgendwann von seinen Spieleröffnungen ablassen, wenn er keinen Erfolg (= Streits, Auseinandersetzungen) mehr hat.

4. *Den Prozess zum Inhalt machen.* – Manchmal hört der andere aber trotz Ihrer Spielverweigerung nicht auf mit seinen Spieleröffnungssätzen. Es geht dann weiter mit: „Was hast du denn schon geleistet in unserer Beziehung?" (narzisstische Struktur), „Los, jetzt gib es zu: du hast eine Affäre" (paranoide Struktur) usw. Sicherlich verführerisch, aber wiederum

unangebracht wäre es, wenn Sie auf die Provokation mit Rechtfertigungsversuchen reagieren würden. Dann herrscht Spiel-Gefahr! Folgende Strategie bietet sich an: Thematisieren Sie *das hintergründige Spiel selbst*, nicht den Sachinhalt, anders gesagt, die Vorwürfe. Einen Spruch wie „Du bist ein Nichts" kann man auskontern mit: „Dir ist es sehr wichtig, dass ich jetzt die Loser-Rolle spielen soll." Auf Seitensprung-unterstellungen könnte man so reagieren: „Wieso sollte ich fremdgehen, ich liebe dich!", oder: „Ich bin in deiner Wahr-nehmung untreu, weil ich das für dich jetzt sein muss." Ent-larven Sie die Spielebene, das bringt ihn vielleicht zum Nach-denken. Das funktioniert natürlich nicht mit einem einzigen entlarvenden Satz; Sie brauchen Ausdauer und einen starken Willen.

5. *Klären, was der andere wirklich will.* – Um schwierige Men-schen zur Selbstreflexion zu nötigen, was nur fair ist, müssen Sie vor allem eines tun: ihnen zirkuläre Fragen stellen. Solche Fragen tragen dazu bei, dass der andere seine *wahren* Bedürfnisse und Motive kennen und neu einschätzen lernt. Dadurch kann es „Klick" machen. Eine entsprechende Frage inmitten eines leidigen Spiels kann lauten: „Was erwartest du jetzt genau von mir?" Empfindet Ihr Partner beispielsweise extreme Eifersucht, können Sie fragen: „Wie muss ich mich denn genau verhalten, sodass du nicht mehr eifersüchtig bist?" Manche Ihrer komplizierten Gesprächspartner werden durch solche „Wachrüttler" vor den Kopf gestoßen, weil sie endlich die Perspektive des anderen einnehmen und sich infolgedessen einmal selbst von außen sehen müssen. Dies kann therapeutisch wirken! Selbstverständlich ist es mit einem Testballon nicht getan. Stellen Sie ruhig mal fünf zir-kuläre Fragen hintereinander!

Im nun Folgenden werden spezielle Vorgehensweisen beleuch-tet, die – auf den theoretischen Grundlagen aufbauend – auf die verschiedenen Strukturen zugeschnitten sind.

Narzisstische Persönlichkeiten

Die Grundbedürfnisse von narzisstischen Menschen sind:

- Anerkennung,
- Ruhm und Ehre,
- Bewunderung,
- Wertschätzung,
- Solidarität.

Allgemeine Empfehlungen

Narzisstische Charaktere muss man, um auf Dauer mit ihnen auszukommen, zunächst so nehmen, wie sie sind. Zur Anpassung an die Bedürfnisebene gehört leider auch eine zuvorkommend-anerkennende Grundeinstellung. An diesem ersten Schritt – häppchenweise Anerkennung entgegenbringen – kommen Sie nicht vorbei, egal übrigens, in welchem Lebensbereich Sie auf Narzissten treffen. Sollten Sie sich gänzlich weigern, zeitweise den faszinierten Bewunderer zu mimen, steht die Beziehung zu Betreffenden unter einem schlechten Stern. Jene bündeln und richten nämlich ihre nicht unerhebliche Angriffslust vor allem gegen diejenigen Menschen in Reichweite, die ihnen nicht die gewünschte Anerkennung und Bewunderung entgegen bringen.

Das Prinzip Konfrontation andererseits bietet sich nur bei schwierigen Menschen an, die einem ganz nahe stehen. Wer Chefs, Mitarbeitern, Schwiegermüttern, -vätern, aber auch den leiblichen Verwandten den analytischen Spiegel vorhält, d.h. die Konfrontation sucht, begibt sich schnell auf ganz dünnes Eis. Naturgemäß reagiert man empört und wird aggressiv: „Was ist denn mit dir los, machst du jetzt einen auf Hobbypsychologen?"

Umgang mit dem narzisstischen Chef

Wenn Sie einer Abteilung zugeordnet sind, die einem egozentrischen Chef zuarbeitet, werden Sie wieder und wieder erleben, dass er sich die Erfolge, die eigentlich auf das Konto des Teams gehen, auf die eigene Fahne schreibt. Denn es ist ja „sein" Team, „seine" Abteilung bzw. Firma.

Es versteht sich von selbst: Konfrontieren Sie ihren Chef nie mit den offensichtlichen Nachteilen seiner Struktur! So gerne Sie ihm auch direkt ins Gesicht sagen würden: „Du bist das egoistischste Arschloch, das mir je untergekommen ist!" – so was dürfen Sie nur *denken*. Aber es gibt natürlich eine Ausnahme. Im Falle von Mobbing müssen Gegenangriffe pointiert und eindeutig ausgeführt werden, es dürfen keine Missverständnisse entstehen. Ziehen Sie u.U. den Betriebsrat zu solchen Gesprächen hinzu. Sie werden Zeugen brauchen!

Ganz mies übrigens ist das Betriebsklima dort, wo *zwei* narzisstisch strukturierte Personen ähnlich hohe Positionen innehaben. Dies bedeutet Machtkampf in Reinform, weil die Betreffenden dann das Spiel „Ich bin besser als du" spielen. Und das beeinflusst das komplette System am Arbeitsplatz.

Zusammenfassung/Tipps

- Bewundern Sie gelegentlich die materiellen Besitztümer, Leistungen, neuen Kleidungsstücke, Autos, Jachten Ihres Chefs (oder was auch immer).
- Nie den Chef ohne Wahrung des Takts kritisieren!
- Nie hinter dem Rücken diejenigen Geschäftskunden kontaktieren, die er akquiriert hat.
- Regeln und Absprachen immer einhalten.
- Bei gemeinsamen sportlichen Aktivitäten bietet es sich an, stets knapp, aber regelmäßig zu verlieren.
- Bauen Sie durch Anpassung Beziehungskredit auf; Sie werden ihn spätestens dann brauchen, wenn Sie Ihrem Chef etwas abschlagen müssen!

Umgang mit narzisstischen Arbeitskollegen

Man erkennt entsprechende Berufsgenossen meistens an ihrer beeindruckend „aalglatten" Fähigkeit zu schleimen. Egal, was der Chef auch verlangt, sie schreien intuitiv „Hier! Ich!", und zwar selbstverständlich aus dem alleinigen Grund, es einmal selbst bis ganz nach oben zu schaffen. Sollte die Führungskraft ebenfalls narzisstisch veranlagt sein, wird sie ihresgleichen bevorzugen, sprich Ihre fleißigen und anpassungsfähigen Kollegen fördern.[7]

Schleimer vergiften das Betriebsklima. Ein narzisstischer Chef gießt meistens auch noch Öl ins Feuer: „Seht euch Herrn Fleißig an, an ihm könnt ihr euch ein Beispiel nehmen! So bringt man es zu was!" Nebenbei erwähnt, Herr Fleißig würde natürlich auch seine Mutter für eine Beförderung in Zahlung geben. Falls Sie Ihrem Arbeitskollegen im Wege stehen, werden Sie wahrscheinlich irgendwann gemobbt oder Opfer von übler Nachrede und Intrige sein. Aber: locker bleiben, das ist nicht persönlich gemeint. Lieber den Betriebsrat einschalten und das authentische, genauer gesagt, entlarvende Gespräch suchen.

Aus den genannten Gründen gleicht eine Abteilung, in der narzisstisch Strukturierte arbeiten, einem Haifischbecken. Manchmal bleiben dem Durchschnittsmenschen nur drei Möglichkeiten: (a) Den Kampf um die besten Plätze aktiv angehen, (b) *scheinbar* den Kampf angehen (und eine ruhige Kugel schieben), (c) *offensichtlich* eine ruhige Kugel schieben (nur machbar, wenn man eine entsprechende Position innehat).

Zusammenfassung/Tipps

- Ignorieren Sie bestmöglich die Konkurrenzversuche des anderen.
- Holen Sie sich Ratschläge bei ihm ein.
- Treffen Sie klare, eindeutige Absprachen mit Ihrem Kollegen (eventuell auch vor Zeugen), sodass er Sie nicht später in die Pfanne hauen kann.
- Man kann auch gezielt positiv intervenieren: Gehen Sie bei Betriebsausflügen mit ihm auf Tuchfühlung, ganz unvoreingenommen. Vielleicht lassen sich Vorurteile abbauen.

---

[7] Das Schleimen im Beruf ist übrigens deshalb so erfolgreich, weil es Anerkennung und Bewunderung impliziert.

Trinken Sie ein oder vier Bierchen mit ihm; versuchen Sie
Beziehungskredit durch Anpassung herzustellen. Aber
erzählen Sie nicht zu viel aus dem Nähkästchen – Sie werden es unter Umständen zwei Tage später bereuen.

Umgang mit narzisstischen Kunden

Jeder, der in der Verkaufsbranche tätig ist, gerät irgendwann einmal an einen narzisstisch strukturierten Kunden. Nach dem
Gesetz der Wahrscheinlichkeit kann das gar nicht ausbleiben.

Vorab: Man muss immer damit rechnen, dass der andere
unfreundlich und herablassend auftritt. Sie wissen, dass Narzissten ihrem Umfeld Geringschätzung entgegenbringen, um sich
selbst zu erhöhen. Ist wieder nicht persönlich gemeint!

Um das Gespräch am Ende aber erfolgreich abzuschließen,
müssen Sie quasi im Schnelldurchlauf Beziehungskredit durch
Anpassung aufbauen. Aber mit Vorsicht! Läuft zu Beginn der
Begegnung etwas schief, droht der andere schnell: „Sie haben ja
gar nichts auf dem Kasten! Ich will sofort Ihren Vorgesetzten
sprechen!" (Der narzisstische Kunde ist nämlich nicht nur
„König", sondern „König der Könige".)

Wie findet man eigentlich heraus, ob man es mit einem extremen Ich-Menschen zu tun hat? Narzisstische Eigenschaften stechen
manchmal sofort ins Auge: ein auf Außenwirkung ausgerichtetes
Erscheinungsbild, überhebliche Körpersprache, raumerfüllende
Stimme, lautstarke Forderung nach „professioneller Beratung" usw.
Interessiert sich der andere auch noch vorzugsweise für Produkte,
die „den Nachbarn vor Neid platzen lassen", liegt man vermutlich
mit der Diagnose „gerade narzisstisch gestimmt" durchaus richtig.

Greifen Sie Gesprächsanlässe auf! Vielleicht erzählt Mr. Wichtig von einem Bekannten, den er beeindrucken will. Dann können Sie kurz anschaulich machen, *wie* neidisch der Nachbar, die
Freunde, die Familienmitglieder usw. werden, sollte sich der
Kunde für das Produkt entscheiden. Zuvor sollten natürlich noch
die „einzigartigen" Vorzüge geschildert werden. Gehen Sie ausführlich auf Fragen ein. Hören Sie auf der anderen Seite gedul-

dig zu, wenn er von einem Erlebnis berichtet – als er etwas ganz Besonderes getan/gesagt/erschaffen hat. Vermitteln Sie dann gut dosiert Anerkennung und leiten Sie behutsam wieder auf die Wirkung des jeweiligen Artikels hin. Dann ist Ihnen der Erfolg wahrscheinlich sicher.

Zusammenfassung/Tipps

- Narzissten lieben Statussymbole; stellen Sie die Außenwirkung des jeweiligen Produkts heraus.
- Immer schön friedlich, freundlich und geschmeidig erscheinen. Ansonsten ergibt sich leicht ein unterschwelliger Konflikt auf der Beziehungsebene, der den Verkaufsabschluss in weite Ferne rücken lässt.

Umgang mit narzisstischen Eltern

Horst-Eberhard Richter (1963/2000), einer der bekanntesten Familientherapeuten im deutschsprachigen Raum, hat verschiedene Psycho-Spiele von narzisstischen Eltern beschrieben, auf die ich hier kurz eingehen will.

Betreuungspersonen mit entsprechender Struktur stellen meistens zu hohe Erwartungen an ihren Nachwuchs. Das Kind soll etwa diejenigen Ziele im Leben erreichen, die man selbst verfehlt hat: „Du machst das Abitur, das ist gut für dich!", oder: „Mach deinen Vater stolz und studiere Jura!"

In meiner Studenten-Zeit in Landau (Pfalz) fuhr ich mit dem Rad gelegentlich zum Joggen ins Stadion. Ich sah häufig eine Stabhochspringerin, die mit ihrem zirka 10-jährigen Sohn trainierte. Er hatte meistens keine Lust, wie ich aus seinen lautstarken Unmutsäußerungen schließen konnte. Sie achtete nicht darauf, sondern maßregelte lieber seine mangelhafte Arbeitseinstellung. Ich kam damals zu dem Schluss, dass sie ihm wahrscheinlich aus egoistischen Gründen das Stabhochspringen beibringen wollte. Wie oft Eltern aus ähnlicher Motivation ihren Kindern was Gutes tun wollen, kann man nur schätzen.

Viele Kinder leiden unter einem überfordernden Erziehungsstil. Man wird zu zahlreichen Beschäftigungen gedrängt, die man nicht mag, und die soll man dann auch noch motiviert und mit Spaß angehen. Manchmal sieht die Woche des „Wunderkindes" dann so aus: Montag: Klavierstunde, Dienstag: Fußballtraining, Mittwoch: Basketball, Donnerstag: (wieder) Fußball, Freitag: Gitarre. Die ganze Woche quillt über, weil die Eltern ja „wissen", was gut für ihr Kind ist. Auf diesem Wege überfordert man Heranwachsende nicht nur, *sie werden auch um ihre Kindheit betrogen*.

Hinter solchen Wahrnehmungsverzerrungen wie „Mein Kind *will* unbedingt Klavierspielen lernen" stehen nur Projektionen von eigenen Bedürfnissen á la: *„Ich* hätte früher auch gerne Klavier gelernt." Erfüllt das Kind die Wünsche seiner Eltern, ist es „lieb", sträubt es sich dagegen, erscheint es undankbar oder frech.

Heranwachsenden bleibt unter solchen Voraussetzungen nur die Wahl zwischen permanenter Anpassung oder dauerhaftem Protest. Beides wird psychische Langzeitfolgen haben. Ersteres kann sich beispielsweise später als tief eingeschliffene Autoritätsangst vor sämtlichen „Respektspersonen" niederschlagen (Damm 2007). – Auf der anderen Seite sind schon des Öfteren durch Protest gegen unerträgliche Erziehungsmethoden die Weichen für eine völlig missglückte Biografie gestellt worden, indem Betreffende infolge der jahrelangen Querelen schließlich gar keine gesellschaftlichen Regeln und Vorgaben mehr befolgen können.

Aus dem Gesagten ergeben sich Tipps zum Umgang mit entsprechend strukturierten Eltern. In brisanten Momenten, wenn Ihre Erzieher das Spiel „Hättest du doch nur" einleiten, dürfen Sie sich in Anpassung üben, um keine „großen Wellen" zu machen. Sie werden Ihre Eltern nicht mehr ändern!

Falls Sie aber auch mal Ihre eigene Wahrnehmung der Dinge mit Nachdruck verbalisieren wollen, etwa weil Ihnen das Licht aufgeht, dass das Leben kurz ist, dann sollten Sie dies auch einmal tun. Wirkt befreiend! Aber bedenken Sie: narzisstisch strukturierte Eltern waren vielleicht selbst Opfer ihrer (oft selbstsüchtigen?) Bezugspersonen.

Zusammenfassung/Tipps

- Kinder narzisstischer Eltern sind manchmal „charakterliche Kopien" der Vorstellungen ihrer Erzieher.
- Viele Heranwachsende passen sich aus Angst vor Liebesverlust den elterlichen Wünschen an; andere widersetzen sich und ziehen dadurch negative Aufmerksamkeit auf sich.
- Betroffene sollten sich immer bewusst machen, dass die eigenen Erzieher vielleicht selbst einmal „Opfer" waren.
- Führen Sie eventuell vertrauliche Gespräche mit Ihren Eltern, in denen Ihre frühkindlichen Erfahrungen verbalisiert werden. Vielleicht können Sie Ihre Erzieher dann besser verstehen.

Umgang mit dem narzisstischen Partner

Ist Ihr Partner stark auf sich fixiert, wird er von Ihnen häufig verlangen, dass Sie Anerkennung vermitteln, sich mit ihm identifizieren und sein Selbstwertgefühl stabilisieren. Ich-Menschen fordern absolute Gefolgschaft. Betreffende kritisieren andere gerne, erscheinen aber gleichzeitig mimosenhaft, wenn es mal in die andere Richtung geht.

Nie ist es genug! Narzisstisch strukturierte Partner machen dem anderen oft Vorwürfe, er würde sie nicht ausreichend anerkennen, bewundern usw. Dies ist leicht verständlich, weil hier ein mangelhaftes Selbstwertgefühl zugrunde liegt. Auf der anderen Seite ist es auch so, dass jedwedes Engagement, die Partnerschaft zu verbessern, etwa spontan eine kulinarische Mahlzeit zuzubereiten, oder den anderen mit einem romantischen Abend zu überraschen, als „völlig normal" von der Gegenseite angesehen wird. Dank und Anerkennung bleiben nämlich gewöhnlich aus. Das muss man berücksichtigen – und darf es (wie immer) nicht persönlich nehmen. Partner von Narzissten sollten gut zuhören können. Denn häufig fühlen sich Letztere im Alltag nicht respektiert, schlecht behandelt usw. Dass ihr extremes Bedürfnis nach Anerkennung und Sonderbehandlung dahinter steckt, sehen sie nicht.

Nerven können auch narzisstische Spiele, etwa: „Hört mal zu". Beispiel: Eine gute Freundin, die sich über die egoistischen Macken ihres Mannes aufregte, erzählte mir einmal: „Es ist immer dieselbe Leier! Wenn wir gemeinsam unterwegs sind, bringt er immer wieder die alten Kamellen. Ich kann sie nicht mehr hören. Und wer nicht fasziniert zuhört, bekommt gleich sein Fett weg!" Was kann man da tun?

Ganz allgemein: Zur Steigerung der Paarqualität bieten sich sogenannte Zwiegespräche (Moeller 2002) an. Zwiegespräche werden gewöhnlich einmal in der Woche praktiziert. Das Paar nimmt sich 90 Minuten dafür Zeit. Für eine ruhige Atmosphäre sollte gesorgt sein. Jeder Partner hat dann abwechselnd fünf Minuten Zeit, die er ohne (!) Unterbrechung des anderen nutzen kann. Erzählt wird über Themen, die einen gerade am stärksten bewegen, vorwiegend mithilfe von Ich-Botschaften. Schuldzuweisungen sind verboten! Die eigenen Gefühle und Bedürfnisse werden verbalisiert.

Um narzisstischen Menschen die Augen zu öffnen, wenigstens ein bisschen, können Sie von subjektiven Empfindungen sprechen, die Sie manchmal belasten. Etwa, dass Sie sich bei kürzlich gemachten Äußerungen Ihres Partners herabgesetzt, gedemütigt oder wie ein kleines Kind gefühlt haben. Beschreiben Sie die Geschehnisse möglichst genau! Allerdings sollte diese Art der Konfrontation *immer* mit positiver Rückmeldung verknüpft werden, ansonsten erhebt sich intuitiv der Widerstand beim anderen. Und der kann beträchtliche Ausmaße annehmen! – „Du siehst das alles völlig falsch!"

Jedenfalls können Sie während einer solchen Konversation auch einmal eine Eingangsfrage stellen, die dann vielleicht das Tor zu seinem Unbewussten aufzustoßen vermag: „Wie war das früher bei dir?", oder: „Wie bist du aufgewachsen?" Betreiben Sie gemeinsam Biografiearbeit – wenn er will. Ziehen Sie Parallelen zu eigenen misslichen Erlebnissen, damit sich nicht nur Ihr Partner defizitär fühlt. Vielleicht wird er dadurch schrittweise sich selbst auf die Schliche kommen. Selbsterkenntnis ist bekanntlich der erste Schritt zur Besserung. In diesem Fall können Sie gemeinsam Kompromisse schließen. Denken Sie daran: es darf nie so aussehen, als sei Ihr Partner der „Neurotiker" und Sie der „Therapeut". Und nicht vergessen: auf Ihre Hartnäckigkeit kommt es an.

Zusammenfassung/Tipps

- Erwarten Sie keinen Dank für Bemühungen, die Partnerschaftsqualität zu verbessern.
- Machen Sie sich auf der anderen Seite aber bewusst, dass auch Sie von den charakterlichen Stärken des anderen profitieren.
- Nie den Selbstwert des anderen angreifen; bei Diskussionen können Sie eigene Gefühle beschreiben, *ohne den anderen dafür verantwortlich zu machen*.
- Eigene Potenziale verwirklichen, den Partner daran Anteil nehmen lassen.
- Gemeinsame (exklusive) Unternehmungen schweißen Sie beide zusammen.

Zwanghafte Persönlichkeiten

Die Hauptanliegen von zwanghaft strukturierten Menschen sind:
- Ordnung (in Bezug auf innerpsychische Prozesse und die Außenwelt),
- Struktur,
- Kontrolle,
- Sicherheit.

Allgemeine Empfehlungen

Zwanghafte Persönlichkeiten erscheinen als sehr rational eingestellte Individuen. Sie sind gesellschaftlich stark angepasst und befolgen entsprechend Normen, interessanterweise ohne sie je zu hinterfragen. Ihre Lebensführung ist geradlinig, insbesondere Emotionen gelten als Chaos fördernd, weshalb sie verdrängt oder wegrationalisiert werden.

Prinzipiell bringt es überhaupt nichts, wenn Sie einen entsprechenden Charakter mit seiner „Verkopftheit" konfrontieren, etwa: „Mensch, was bist du nur für ein Erbsenzähler! Mach dich doch einfach mal locker!" Er wird den Anlass dazu nutzen, mit Ihnen „vernünftig" über Vernünftigkeit zu diskutieren. Und das ist bestimmt nicht in Ihrem Sinne. Um ihm erfolgreich die Kosten seiner Erbsenzähler-Mentalität vor Augen zu führen, müssen Sie Vorarbeit leisten, sprich Beziehungskredit erwirtschaften. Und das geht nur über ein gewisses Maß an Anpassung. Besonders am Arbeitsplatz ist diese Methode unabdinglich. Im Klartext heißt das: Seien Sie immer pünktlich, zuverlässig und halten Sie sich an Absprachen. Im privaten Bereich hingegen können Sie sehr wohl einige konfrontative Vorgehensweisen ausprobieren, denn dort darf man wohl von einem bereits vorhandenen Beziehungskredit ausgehen.

Umgang mit dem zwanghaften Chef

Sollten Sie selbst entsprechende Persönlichkeitszüge haben, dann wird Ihnen ein zwanghafter Chef sehr gelegen kommen. Er gibt nämlich ganz klare Arbeitsaufträge, außerdem herrscht in der Abteilung eine strikte Trennung der Aufgabenbereiche. Der Arbeitsprozess insgesamt läuft wie ein Uhrwerk – langsam, klar, aber zumeist fehlerlos.

Im Falle einer andersartigen charakterlichen Prägung leiden Sie hingegen unter den Arbeitsbedingungen. Zwanghaft strukturierte Chefs legen nämlich sehr viel Wert darauf, dass kein „Durcheinander" in der Abteilung aufkommt. Kleinste Fehler werden daher selbstverständlich sofort geahndet: „Schauen Sie nur, hier haben Sie ein Komma vergessen!" Kommen Sie einmal drei Minuten zu spät, haben Sie die nächste Sitzung beim Abteilungsleiter: „Da könnte ja jeder zu spät kommen, wo kämen wir denn dann hin?" Sie dürfen natürlich nie und nimmer auch nur einmal die Fassung verlieren, geschweige denn persönlich werden. Kumpelei ist der Leitungskraft ebenfalls ein Dorn im Auge.

Punkten kann man, wenn man die „zwanghafte Welt", in der Ihr Chef wohnt, bejaht. Es ist die einzige Möglichkeit. Andernfalls müssen Sie die Abteilung wechseln. Also passen Sie auf, dass Sie keine berufsspezifischen Fehler machen, seien Sie pünktlich und: Anweisungen nicht in Frage stellen. Humor und Lässigkeit bitte am Eingang abgeben.

In einer ruhigen Minute wird es einmal zu einem *gegenseitigen* Gespräch zwischen Ihnen und dem Chef kommen. Vielleicht wird Ihnen auch einmal etwas Privates anvertraut. Haken Sie in solchen Fällen nie nach. Das ist schließlich sein wunder Punkt. Doch vielleicht passiert es wieder – und Sie können auf der Beziehungsebene Erfolge verbuchen. Aber starten Sie lieber nicht von sich aus solche Aktionen.

Zusammenfassung/Tipps

- Ordnen Sie sich in die Hierarchie bedingungslos ein.
- Seien Sie pünktlich, zuverlässig und strebsam.
- Klare Absprachen treffen und auch einhalten.
- Verlieren Sie nie die Fassung.
- Keine Emotionen zeigen.
- Nicht diskutieren.
- Nehmen Sie es nicht persönlich, wenn Sie wegen Kleinigkeiten angepflaumt werden.
- Nie bei der gemeinsamen Mittagspause im Restaurant alkoholische Getränke bestellen.

Umgang mit zwanghaften Arbeitskollegen

Es hat Vor-, aber auch gewaltige Nachteile, wenn man einen Arbeitskollegen in seiner Gruppe hat, der zwanghaft strukturiert ist. Eine Stärke ist, dass er gründlich arbeitet. Man kann sich außerdem auf ihn verlassen, wenn man einen fachlichen Rat braucht. – Andererseits leidet das Team unter der Langsamkeit seines „übergenauen Arbeitsstils". Indem er *einzelnen* Arbeitsprozessen zu viel Aufmerksamkeit schenkt, verliert er das *Ganze* aus den Augen. Dies mag in Verwaltungen keine große Rolle spielen, aber sehr wohl in der freien Wirtschaft, wo es zumeist straffe Zeitvorgaben gibt.

Sitzt Ihnen ein zwanghafter Mensch am Arbeitsplatz gegenüber, gibt es einige Dinge zu beachten. Grundsätzlich gilt: Abstand halten, im Team funktionieren, taktvoll kommunizieren, geliehene Dinge wieder zurückgeben. Es wäre weiter absolut falsch, ungefragt in den „Sicherheitsbereich" des Kollegen einzudringen. Wie Sie vielleicht wissen oder schon einmal erfahren haben: der Schreibtisch ist der „Schutzwall" von zwanghaften Kollegen. Niemals dürfen Sie etwas unerlaubterweise auf den Schutzwall legen, geschweige denn sich daran *anlehnen*.

Sie sollten auch, bevor sich ein längeres Gespräch anbahnt, vorab einen festen Zeitrahmen vorgeben, etwa so: „Herr Ausschweifend, ich möchte mich bis 11.30 Uhr mit Ihnen über diese Angelegenheit austauschen. Danach habe ich einen anderen Termin." Versäumen Sie es, so einen Marker zu setzen, zappeln Sie womöglich stundenlang in der Falle und müssen das Spiel „Sprachfolter" über sich ergehen lassen. Zwanghafte können nämlich eine Sache ganz besonders gut: langsam und genau Dinge erklären.

Loben Sie – wir sind hier verständlicherweise nur auf Anpassung aus – Ihren Kollegen, wenn ihm fachlich etwas gelungen ist. Bringen Sie nie ungefragt persönliche Themen mit in den Arbeitstag. Geben Sie wenig von sich Preis. Ganz schlecht wäre es, wenn Sie sich über sein Pausenbrot, das er aus Kostengründen selbst schmiert, lustig machen. Und niemals von einem kostenintensiven Hobby berichten, dem Sie nachgehen. Die Reaktion wäre nämlich eine solche: „Aber Herr Lebenslust, wieso geben Sie so viel Geld dafür aus?"

Zusammenfassung/Tipps

- ■ Wahren Sie emotionalen und persönlichen Abstand.
- ■ Nicht zu viel aus dem Privatbereich berichten.
- ■ Nie von selbst auf die Idee kommen, man könnte den anderen mal eben duzen.
- ■ Verzichten Sie auf ein Radio am Arbeitsplatz.

- Vor einem wichtigen Gespräch den Zeitrahmen bestimmen.
- Nie diskutieren, Ihr Kollege weiß *immer*, was richtig und falsch ist (zumindest in seiner Wahrnehmung.)
- Lassen Sie ihn bestimmen, wie persönlich der Kontakt sein soll.

Umgang mit zwanghaften Kunden

Mit dem Wissen um die Grundbedürfnisse der hier behandelten Persönlichkeit kann man auch im Verkauf punkten. Grundsätzlich müssen Sie viel Fachkompetenz mitbringen. Denn zwanghafte Menschen wissen meistens schon sehr viel über den jeweiligen Artikel, den sie kaufen wollen. Sie haben wahrscheinlich bereits im Internet einige Stunden ausführlich recherchiert, insbesondere wenn kostenintensive Anschaffungen anstehen. Es ist auch meist kein Zufall, dass der Kunde in *Ihren* Betrieb kommt – wahrscheinlich sind die gewünschten Artikel da am billigsten.

Natürlich wollen betreffende Kunden eine persönliche Beratung, in der letzte Fragen geklärt werden. Zweifellos schnell ins Abseits gerät man mit dem Eingeständnis: „Hm, das weiß ich leider nicht." Schnell wird nach einem kompetenteren Mitarbeiter gerufen. Detailwissen ist demnach mehr als erwünscht, und viel will noch geklärt werden, bevor man sich zum Kauf entschließt. Versuchen Sie nie, zwanghaft strukturierte Kunden übers Ohr zu hauen; sie kommen u.U. mit einem Anwalt zurück, und drehte es sich auch nur um zwei Euro.

Das Grundgesetz des erfolgreichen Verkaufsgesprächs lautet: Nie vorschnell zum Kauf animieren! Wie Sie wissen, gehört Spontaneität *nicht* zu den zwanghaften Eigenschaften. Die Maxime lautet: erst denken, abwägen, diskutieren – *dann* handeln. Vermitteln Sie ruhig und sicher die Vorteile, auf die der Kunde langfristig bauen kann, wenn er das Produkt in Ihrem Haus kauft. Technische Aspekte, falls es sie gibt, dürfen Sie gerne ausführen. Während der Präsentation sollten Sie sich auf Fakten beschränken. Lebenszeit des Geräts und dessen Garantielaufzeit sind ganz wichtige Aspekte, auf die Sie unbedingt hinweisen sollten.

Zusammenfassung/Tipps

- Fachkompetenz bezüglich des jeweiligen Verkaufsartikels ist sehr wichtig.
- Nie zum Kauf drängen.
- Geduldig alle Fragen beantworten.
- Nie auf die Möglichkeit einer Finanzierung ansprechen! Der Kunde hat das Geld.
- Bei nachfolgenden Terminen mit demselben Kunden den Zeitrahmen vorher abstecken.

Umgang mit zwanghaften Eltern

Josef Rattner und Gerhard Danzer (2003, 15) meinen, dass der Durchschnittsbürger glaube, „dass Erziehen hauptsächlich im Ermahnen, Bestrafen und Aussprechen von warnenden Zukunftsprognosen" bestehe. Ich denke, dass dies weniger auf „den" Durchschnittsbürger zutrifft, als vielmehr auf zwanghaft strukturierte Eltern.

Solche Erzieher wollen brave, glattpolierte und funktionierende Kinder, die man vorzeigen kann. Dafür muss man sie natürlich „ordentlich erziehen". Solche Betreuungspersonen haben gewöhnlich ein rigides Über-Ich (Gewissen/verinnerlichte Eltern-Bilder), dafür aber ein schwach ausgeprägtes Ich/Selbst.

(Zu) früh gewöhnt man den Nachwuchs an Regeln und Vorschriften. Auf der anderen Seite bedeutet dies: Eigeninitiative und autonome Bestrebungen sieht man nicht gerne; man sanktioniert sie kurzerhand, weil sie vor allem das eigene Selbst so sehr in „Wallung versetzen".

Belohnt wird das Kind hingegen, sobald es sich beherrschen und zusammenreißen kann, wenn es früh sauber, genauer gesagt, *erwachsen wird* usw. Dieser Erziehungsstil stellt die Grundlage für die Ausprägung von zwanghaften Persönlichkeitszügen dar.

Weil zwanghaft strukturierte Eltern nie ihre Erziehungsmethoden hinterfragen, bringt es recht wenig, sie diesbezüglich einmal herauszufordern, etwa um eine Diskussion zu entfachen. Von humanistischen Erziehungsidealen, geschweige denn vom Prinzip der Partnerschaftlichkeit kann man sie gewiss nicht überzeugen, ihr Über-Ich ist zu stark. Konfrontieren könnte man sie vielleicht damit, dass man selbst offenkundig einen frivolen Lebenswandel praktiziert: sich mal „gehen lässt", aneckt, über die Stränge schlägt, häufig „unartig" ist. Wenn die Erzieher dann *erfahren*, dass dies keine schlimmen Folgen hat, kann sich deren enge Weltsicht erweitern. Aber lohnt sich überhaupt eine solche Ochsentour?

Eine erfolgversprechendere Vorgehensweise haben wir oben schon kennen gelernt: Zwiegespräche. Versuchen Sie mit Ihren Eltern doch mal ein solches Arrangement und befragen Sie sie über ihre Kindheit. Wahrscheinlich werden Parallelen zu Ihrer eigenen Situation auftauchen – und Selbsterkenntnis findet statt.

Zusammenfassung/Tipps

- ■ Zwanghafte Erziehungsideale sind: Sauberkeit, „Vernünftigkeit", Sich-beherrschen-Können und Anpassungsfähigkeit.
- ■ Es bringt nichts, mit betreffenden Eltern über deren bisherigen Erziehungsmethoden zu diskutieren.
- ■ Wer das Prinzip Anpassung wirkungsvoll praktiziert, sorgt für eine friedliche Atmosphäre.
- ■ Konfrontation ist mittels „chaotischer" Verhaltensweisen möglich, aber wenig effizient.

Umgang mit dem zwanghaften Partner

In einer Beziehung mit einem entsprechend strukturierten Partner ist eine gewisse Bereitschaft und Fähigkeit, sich an dessen besondere Bedürfnisse anzupassen, nützlich. Um sich nervtötende Hinweise wie „Deine Waschmaschine ist schon seit 30 Minuten fertig", oder Floskeln wie „Du bist immer", „Hast du schon?" zu ersparen, müssen Sie außerdem Wert legen auf Verlässlichkeit und Selbstdisziplin. Sie müssen, einfach gesagt, *funktionieren.*

Wer sich also entsprechend fügt, hat in Hinsicht auf die Qualität der Partnerschaft nicht viel zu befürchten. Aber Sie sollten sich eines fragen: „Halte ich diesen strukturierten, „korrekten" Lebensstil die nächsten Jahrzehnte aus?" bzw.: „Bin ich das wirklich?"

Weitere Nachteile sind ebenfalls schwerwiegend. Zweifellos werden Sie nicht erleben, dass Ihr Partner Sie spontan und völlig unerwartet dem tristen Alltag entreißt. Das würde seine Planung ja zum Einsturz bringen. Romantik ist ebenfalls nicht seine Stärke. Ihr Geburtstagsgeschenk ist meistens ein nützlicher Gebrauchsgegenstand. Die Urlaubsziele bleiben gewöhnlich dieselben. Und dass es auch in Sachen Sex ohne Interventionen Ihrerseits nicht gerade *gefühlsbeladen* und *leidenschaftlich* abläuft – das muss ich gar nicht erwähnen. Infolge der permanenten Abwehr von Gefühlen können auch psychosomatische Symptome entstehen, d.h. Krankheitsbilder, die keine körperlichen, sondern eher seelische Ursachen haben. Solche „Klassiker" sind: Hypertonie, Herzbeschwerden, Bauchschmerzen, Migräne, Magen- und Darmbeschwerden usw. Die Verhältnisse würden sich entspannen, wenn der andere mehr Emotionen zulassen könnte. Denn wer nicht mehr dem Zwang ausgeliefert ist, sich zu beherrschen, muss auch andere nicht mehr kontrollieren. Doch wie bekommt man mehr „Soul" in eine solche Beziehung?

Mit Konfrontation. Sinnvoll ist es, Situationen und Arrangements zu planen und durchzuführen, die zur Ausschüttung von Glückshormonen beitragen. Die bringen automatisch den Soul. Das funktioniert beispielsweise besonders gut mit einem exklusiven Wellness-Wochenende („Schatz, ich habe in zwei Wochen etwas vor mit dir, Freitag bis Sonntag"); aber auch aufregende Erlebnisse bieten sich an („Warst Du schon mal klettern in den Bergen?"); oder auch entspannende („Nächstes Wochenende saunieren wir in einem 150 Kilometer entfernten Hotel. Lass dich überraschen!"). Diese Ideen werden seinen Widerstand wahrscheinlich provozieren, aber da muss er durch.

Sie können die genannten Beschäftigungen, die das Zusammensein ohnehin fördern, kombinieren mit intimen Unterhaltungen, die angereichert werden können mit einer guten Flasche Rotwein. Denn ein rigides Über-Ich ist in Alkohol löslich, sagt eine Weisheit aus der Psychoanalyse. Das soll natürlich nicht zur Gewohnheit werden. Bei innigen Gesprächen können Sie beide gemeinsam ganz allgemein über potenzielle Ursachen von zwanghaften Phänomenen reflektieren. Es wird dabei hilfreich sein, wenn Sie die oben beschriebenen unliebsamen Verhaltensweisen (und andere) zunächst positiv darstellen. Loben Sie den anderen für seine Verlässlichkeit, seinen Ordnungs- und Sauberkeitssinn. „Woher hast du das?", können Sie mal ins Blaue hinein fragen. In der „richtigen" Situation dürfen Sie sich mal etwas weiter aus dem Fenster lehnen, etwa so: „Nervt dich dein Perfektionismus manchmal?" Auf diese Weise kann sich ein authentisches Gespräch ergeben – abseits der alltäglichen Kommunikationsschleifen. Ihr Partner wird dann seine Abwehrmechanismen herunterfahren und sein Selbst endlich einmal besser kennen lernen (Damm 2007).

Nach solchen Vorstößen müssen Sie natürlich erst wieder zurückrudern. Am nächsten Tag heißt es dann vielleicht (weil Ängste ausgelöst wurden): „Du, so etwas machen wir nie wieder!" Das sollte Ihnen zum einen Ohr rein und zum anderen wieder rausgehen. Sie werden nämlich weitere Chancen bekommen – dafür sorgen die oben beschriebenen Erfahrungen, bei denen Glückshormone (Serotonin, Dopamin) ausgeschüttet werden.

Aber erwarten Sie nicht zu schnell zu viel! Ändern werden Sie den anderen nicht, aber vielleicht wird er demnächst für positive Emotionen empfänglich. Und das wird der Partnerschaft schließlich zugutekommen.

Zusammenfassung/Tipps

- Machen Sie sich nicht über seine Macken lustig; er *muss* Dinge, die nicht mehr funktionieren, in Ordnung bringen, und wenn es lange dauert.

- Loben Sie den anderen für seine strukturierten Verhaltensweisen.
- Warten Sie nicht ab, bis er sich ändert, bringen Sie „Farbe" in die Beziehung, etwa im sexuellen Bereich (dieser ist zumeist etwas „grau").
- Kehren Sie gelegentlich gemeinsam dem Alltag den Rücken und praktizieren Sie „aufregende" Dinge.
- Niemals über Haarspaltereien diskutieren; das ist ganz sein Ding.

Histrionische Persönlichkeiten

Die Grundbedürfnisse von histrionischen Menschen sind:
- Im Mittelpunkt stehen,
- Abwechslung im Alltag,
- „Highlife",
- Wichtigkeit,
- Solidarität.

Im Folgenden geht es entsprechend um die beiden Typen Macho und It-girl, die ja Unterformen der histrionischen Persönlichkeit darstellen. Wie wir oben gesehen haben, geht es beiden Strukturen ausdrücklich darum, Aufmerksamkeit bei anderen hervorzurufen, indem sie ihre einseitige Geschlechtsidentität extrem kultivieren.

Zunächst zu den „supermaskulinen" Männern.

Allgemeine Empfehlungen zum Umgang mit Histrionikern (phallisch-narzisstischer Typ)

Solche Menschen inszenieren meistens eine One-man-Show, egal, in welcher Umgebung sie gerade sind. Phallische Narzissten regieren gerne ihre Umwelt, sie sind Führer-Typen. Sind Sie ein Mann, so werden Sie oft vermittelt bekommen, wer der „Chef im Ring" ist. Falls Sie eine „maskulinere" Erscheinung haben als Ihr Gegenüber, kann es sein, dass sofort eine zusagende Beziehungsebene entsteht, denn Sie werden eventuell idealisiert. In diesem Fall müssen Sie halt die Alpha-Männchen-Nummer spielen.

Ansonsten aber verbietet sich das Konkurrieren mit phallischen Narzissten von selbst. Sehr leicht verstrickt man sich in das Spiel „Ich bin stärker als du". Und solche Kinderspielchen sollten eigentlich schon überwunden sein. Anpassung erscheint also sinnvoller. – Aber manchmal ist Konfrontation durchaus möglich; sofern ausreichend Beziehungskredit vorhanden ist (siehe unten).

Umgang mit histrionischen Chefs (phallisch-narzisstischer Typ)

Ein derart strukturierter Charakter ist in seiner Abteilung bzw. seiner Firma der „Hahn im Korb". Er ist nicht aus Zufall an der Spitze. Seine exzessiv-exhibitionistische Art war ihm dabei durchaus hilfreich.

Es fällt auf, dass ein phallisch-narzisstischer Chef eher dem weiblichen Geschlecht zugeneigt ist. Denn Flirts mit der Frauenwelt steigern seinen Selbstwert. Bei Einstellungsgesprächen erhalten attraktive Frauen selbstverständlich den Vorzug vor weniger interessanten. Die fachlichen Qualifikationen fallen, was niemanden verwundern wird, weniger ins Gewicht. Ein populäres Phänomen. Ich erinnere mich an den Film *Bang Boom Bang*, in dem der im Jahre 2000 verstorbene Dieter Krebs – einen skrupellosen Unternehmer mimend – seiner Auszubildenden noch einmal erklärte, wieso sie bei ihm arbeiten „durfte": „90–60–90 – das sind die Gründe, wieso wir dich hier eingestellt haben."

Sind Sie ein Mann und arbeiten unter einem entsprechenden Chef, dann sollten Sie nie versuchen, ihm seine Grenzen dort aufzuzeigen, wo er seine Stärken vermutet. Also, zweifellos nachteilig wäre es, wenn Sie am Montagmorgen vor der gesamten Belegschaft verkünden: „Hey, Rocky, am letzten Wochenende habe ich beim Bankdrücken deine Bestmarke um 15 Kilo übertroffen!", oder: „Hey, ich habe den neuen 7er-BMW bestellt. Wie lange willst du denn deinen Hintern noch in den alten 5er hieven?" Mit solch flapsigen Sprüchen werden Sie sich ihn bestimmt nicht zum Freund machen.

Besser ist es, auf die Grundbedürfnisse des anderen *einzugehen*. Er will doch eigentlich nur, dass man seine Geschlechtseigenschaften anerkennt. Konfrontation ist gar nicht angebracht.

Wenn er, etwa anlässlich eines Männerabends, einmal einen schwachen Moment erlebt und „weich" (= stereotyp feminin) wird, dann müssen Sie *ganz* aufmerksam sein. Viele phallische Narzissten erzählen im richtigen Ambiente von Ängsten und auch von Situationen, in denen sie „schwach" waren. Unterstützen Sie solche Bekenntnisse nicht unbedingt durch aktives Zuhören: „Aha, ja, erzähl mal!" Alles aus dem Nähkästchen zu erfahren, kann sich ganz schnell als GAU entpuppen – nicht gleich, sondern später. Dann kommen Sie etwa gedankenverloren am nächsten Morgen ins Büro und Ihr Chef zitiert Sie zu sich: „Herr Zuhörer, wenn Sie den anderen von gestern erzählen, wird's hier ganz ungemütlich für Sie!"

Es erübrigt sich eigentlich die Anregung, keine guten wie auch schlechten Witze über den phallisch-narzisstischen Chef zu machen. Verkneifen Sie es sich auch, ihm mal aus einer Laune heraus freundschaftlich auf die Schulter zu klopfen. „Schwul, oder was?"

Zusammenfassung/Tipps

- ■ Keine Machtspielchen!
- ■ Machen Sie keine Witze über ihn, insbesondere nicht vor der Belegschaft.
- ■ Flirten Sie nicht vor seinen Augen mit dem weiblichen Personal – das schürt Eifersucht.

Umgang mit histrionischen Arbeitskollegen (phallisch-narzisstischer Typ)

Komplementäres Verhalten vereinfacht auch den Umgang mit einem machohaften Kollegen. Zuneigung erregen – das schaffen Sie leicht, indem Sie Facetten seiner „Männlichkeit" herausstellen und sie in ein positives Licht rücken. Anlässe hierzu gibt es viele, Sie müssen nur aufmerksam im Berufsalltag sein. Vielleicht hat er auf seinem Schreibtisch ein Bild stehen, auf dem er gerade stolz einen Siegerpokal präsentiert; dann könnten Sie sagen: „Oh, seit wann machst du denn Kampfsport?" Oder aber sein Flitzer wurde auf Polaroid verewigt: „Sieht schnell aus!" Suchen Sie bewusst Anhaltspunkte, auf diese können Sie dann eingehen.

Auf anfängliches Säbelrasseln sollten Sie, wenn Ihnen stressfreies Arbeiten am Herzen liegt, *nicht* eingehen. Zeigen Sie lieber eine leicht versöhnliche Mimik und Gestik und schauen Sie im Falle eines provozierenden, drohenden Blicks einfach mal kurz nach rechts. Dadurch wird er über kurz oder lang merken, dass Sie sein Spiel „Ich bin besser als du" nicht mitspielen wollen.

Eine andere Variante lautet: *Kampfansagen annehmen und das Beste geben.* Diese Reaktion wird Ihnen vor allem dann entgegenkommen, wenn Sie selbst phallisch-narzisstische Persönlichkeitszüge offenbaren. Es bedeutet aber auch, dass Sie viel Energie im Arbeitsalltag aufwenden müssen. Sie sind gezwungen, auf Mobbingversuche, üble Nachrede und auch offene Herausforderungen einzugehen, die im Falle eines Kampfverzichts gar nicht aufkommen würden.

Als Frau haben Sie es selbstverständlich leichter, mit chauvinistischen Arbeitskollegen und auch Chefs zurechtzukommen. Für einen Macho ist die Welt immer im Lot, wenn Sie ein bisschen mit ihm flirten. Dann fühlt er sich begehrt.

Allerdings müssen Sie ihn auch in die Schranken weisen, falls er sich anschicken sollte, Sie als weitere Kerbe auf seinem Matrazenrost zu verewigen. Das ist ein Drahtseilakt! Denn Sie müssen bedenken: Phallische Narzissten können *sehr* verletzend und nachtragend sein, wenn Frau gar nicht auf ihre Flirtversuche eingeht. Auf einen offenen Schlagabtausch sollten Sie klugerweise ganz verzichten. Ein Satz wie: „Kleiner, ich bin auf der Suche nach echten Männern und nicht nach Ersatzteilen" würde gewiss dazu führen, dass er alle Kraft aufwendet, Ihren Ruf zu zerstören.

Zusammenfassung/Tipps

- Wenn Sie ein Mann sind: Schenken Sie Ihrem Arbeitskollegen Komplimente.
- Akzeptieren Sie seine Rolle als Hahn im Korb, wenn Sie sich Auseinandersetzungen ersparen wollen.
- Treffen Sie sich mit ihm zum sportlichen Wettkampf – und verlieren Sie, am besten ganz knapp.
- Wenn Sie eine Frau sind: Flirten Sie mit ihm – das bestätigt ihn als „echten Mann".
- Setzen Sie bei Bedarf aber auch Grenzen, wenn er Ihnen zu nahe kommt.
- Nicht vor anderen lächerlich machen!

Umgang mit histrionischen Kunden (phallisch-narzisstischer Typ)

Gegenüber einem entsprechend strukturierten Kunden sollte man immer Fassung wahren und ihn respektvoll behandeln. Er erwartet das.

Während des Verkaufsgesprächs kann es passieren, dass der andere irgendwelche Spiele mit Ihnen spielen will. Das kommt ganz auf seine Stimmung an. Es handelt sich dabei natürlich wieder um Arrangements wie „Ich bin stärker als du" oder „Ich bin schlagfertiger als du". Lassen Sie sich nicht auf solche Manipulationen ein, dabei können Sie nur verlieren, gerade wenn Sie mal ein Scharmützel gewinnen. Mit Niederlagen können solche Menschen nur schwer umgehen.

Konzentrieren Sie sich während der Beratung zunächst auf die kompetente Vorstellung des jeweiligen Produkts. Bei folgenden Verkaufsartikeln können Sie „von großen Vorteilen", die mit ihnen einhergehen, sprechen: Autos, Luxusartikel, Handys, Klamotten, Musikanlagen. Wie Sie wissen, versucht diese Struktur ihren Selbstwert durch (geschlechtstypische) Artikel zu stabilisieren bzw. zu steigern. Detailwissen ist hierbei unbedingt gefragt.

Zusammenfassung/Tipps

- Nie auf Machtspiele während der Beratung einlassen.
- Das Besondere an „geschlechtstypischen" Produkten herausstellen.

Umgang mit dem hysterisch strukturierten Vater (phallisch-narzisstischer Typ)

Manchen Psychotherapeuten kommt schnell Ernest Hemingway (1899–1961) in den Sinn, wenn sie an phallisch-narzisstische Väter denken. Der Schriftsteller stand nämlich seinen zumeist ausgeprägt maskulinen Romanhelden in nichts nach. Er ging mit Leidenschaft auf Großwildjagd, wo er Leoparden erlegte, oder zum Stierkampf. Man sah ihn auch dann und wann im Boxring stehen, wo er seine körperlichen Kräfte unter Beweis stellte. Und selbstverständlich imponierte er auch als *Womanizer* (Rodenberg 1999). Als er im Alter von 61 Jahren für den Raubbau bezahlte, den er mit seinem Körper betrieb (exzessiver Zigarren- und Alkoholkonsum), erschoss er sich mit einer seiner Schrotflinten.

Sein stereotyp männlicher Charakter zeigte sich auch in seinen Erziehungsmethoden. Aus seinen (drei) Söhnen sollte etwas Besonderes werden. Einer seiner Sprösslinge, Gregory, stand dem Vater sehr nahe. Mit 11 Jahren durfte er schon Schnaps trinken. Hatte der Junge am nächsten Morgen einen Kater, bekam er kurzerhand eine *Bloody Mary* gemixt. Das Familienoberhaupt nahm ihn auch mit auf die Jagd. Mit 17 schrieb Gregory Kurzgeschichten, die seinen Erzieher stolz machten. Alles war bis dahin *easy*.

Vielleicht wäre alles glatt gelaufen, hätte Gregory nicht ein Faible für Frauenkleider gehabt. Er kostümierte sich als Teenager häufig. Der tiefenpsychologisch versierte Leser kommt hier vielleicht auf die Idee, dass der Kleine eventuell eine feminine Seite an sich entdeckte, die im Hause Hemingway – für Jungen – ansonsten streng tabu war. Jedenfalls, die beiden entzweiten sich, dem Vater waren die Vorfälle furchtbar peinlich. Gregory nahm später den Namen Gloria an.

Dieser kleine Exkurs soll verdeutlichen, wie schwierig der Umgang mit einem Vater sein kann, der phallisch-narzisstische Eigenschaften hat. Strikt wird erwartet bzw. gefordert, dass man (als Junge) typisch maskuline Verhaltensweisen zeigt. Für die kleinsten Anzeichen von Schwäche oder Weichherzigkeit setzt es übelste Kritik: „Ein echter Mann ist nicht so! Sei kein Weichei!"

Meistens bekommen Kinder auch mit, wie sich ihr Vater im Alltag mit anderen „fetzt". Auseinandersetzungen werden vornehmlich durch verbale und/oder körperliche Gewalt gelöst. Auch ist es nicht selten, dass betreffende Ernährer zahlreiche Frauengeschichten „am laufen" haben. Hemingways (vier) Ehefrauen haben nicht selten zähneknirschend hinnehmen müssen, dass sich der Schriftsteller zeitlebens den einen oder anderen Seitensprung gönnte.

Starker Druck für schüchterne Jungen kann vor allem in der Pubertät entstehen: „Was ist mit dir? Du bist jetzt 13 und hast immer noch keine Freundin!" In solchen Fällen hat der Erzieher ausgeprägte Ängste, sein Sprössling würde homosexuell werden. Natürlich soll der Kleine auch erfolgreich Kampfsport betreiben.

Wird eine Tochter erzogen, merkt sie spätestens ab dem 13. Lebensjahr, ob ihr Vater phallisch-narzisstische Strukturen aufweist. Am liebsten wäre es dem Erzieher nämlich, wenn „sein" Mädchen nie einen anderen Mann in ihr Leben ließe. Gegen jeden Verehrer wird konkurriert. Mädchen solcher Väter müssen sich natürlich so verhalten, wie „die" Frauen sich eben verhalten (stereotyp feminin).

Wie geht man nun am besten mit entsprechenden Persönlichkeiten um? Kurz gesagt: Ich rate ausschließlich zur Anpassung. Wer den anderen mit den Nachteilen seines Temperaments konfrontieren will, muss damit rechnen, dass „es kracht", schließlich repräsentiert Vater eine ausschließlich maskuline Geschlechtsrollenidentität. Warten Sie lieber ab, vielleicht kommt das eine oder andere intime und vor allem authentische Gespräch zustande („Sohn, ich weiß, ich wollte dich zu einem Mann machen, so wie ich es bin! Das war vielleicht nicht immer richtig.").

Zusammenfassung/Tipps

- Frönen Sie gemeinsam den „typischen" Gesprächsthemen (Frauen, Kampfsport, Autos usw.).
- Verzichten Sie grundsätzlich auf Spitzen, das bringt den anderen schnell auf die Palme.

Umgang mit dem histrionischen Partner
(phallisch-narzisstischer Typ)

Wenn hingegen der Partner häufig in einer phallisch narzisstischen Stimmung ist, ergeben sich viel mehr Möglichkeiten. Allgemein gilt (wie auch bei allen anderen Strukturen), dass Sie auf die Grundbedürfnisse des anderen eingehen sollten. Ich wende mich im Folgenden an die weibliche Leserin.

Frau sollte es mit der Lobhudelei nicht übertreiben. Aber gelegentlich darf sie schon vermitteln: *Ich finde, du bist ein Mann durch und durch.* Verteilen Sie ruhig seelische (und körperliche) Streicheleinheiten für die Erfolge, die er im Fitnessstudio oder bei sonstigen „männlichen" Aktivitäten erzielt. Behalten Sie im Hinterkopf, dass Ihr Partner sich vor allem im sexuellen Bereich als „echter Mann" sieht. Phallische Narzissten meinen meistens, sie seien die besten Liebhaber auf dem ganzen Planeten. Gehen Sie aber, wie gesagt, sparsam mit Komplimenten um, sonst verpuffen sie.

Denken Sie auch daran: Weil der andere nicht wenig Wert darauf legt, dass er eine attraktive Partnerin an seiner Seite hat, macht Frau nichts falsch, wenn sie selbst auch ihre gewöhnlich interessante Außenwirkung beibehält bzw. optimiert.

Bei aushäusigen Unternehmungen dürfen Sie ruhig mal die allseits bekannte Kleines-Mädchen-große-Augen-Nummer spielen und sich an ihn schmiegen, das gefällt ihm. Auf der anderen Seite sollten Sie aber auch Selbstbewusstsein und Durchsetzungsfähigkeit zeigen, damit Ihr Partner sich daran erinnert, dass Sie auch anders können. Und das ist wichtig! Welcher Mann will schon dauerhaft eine kleine „Prinzessin" an seiner Seite haben?

Die Achillesferse von betreffenden Gefährten ist gleichzeitig auch ihre Stärke: ein stereotyp männliches Selbstbild. Dieses kann ganz schnell ins Wanken geraten, wenn Sie sich anderen Männern zuwenden. Wer einen sehr eifersüchtigen, cholerischen Mann an seiner Seite hat, sollte sich darüber im Klaren sein, dass ein offener Flirt mit einem Dritten schnell in Handgreiflichkeiten ausarten kann. In weniger brisanten Fällen bringen Sie durch ein paar Techtelmechtel in fremden Gefilden den anderen dazu, dass er Ihnen gegenüber mehr Aufmerksamkeit zeigt.

Konfrontation im eigentlichen Sinn ist nur unter vier Augen möglich. In Gesellschaft wird kein „echter" Mann über seine verdrängten weichen Seiten sprechen. Arrangieren Sie lieber einen romantischen Abend zu zweit. Und lassen Sie das eigentliche Thema –„psychologisches Zwiegespräch" – außen vor. Sorgen Sie dafür, dass Sie beide ungestört sind und es auch für die nächsten eineinhalb Stunden bleiben. Nun gilt es, bei einem besonderen Essen gut dosiert einige Fragen zu stellen, die ein tief greifendes Gespräch einleiten können, etwa: „Fühlst du dich in deiner Rolle als klassischer Gentleman immer gut?", „Gibt es Momente, in denen du auch mal gerne schwach wärst?" oder: „Gibt es Seiten an *mir*, die du gerne öfter sehen würdest?"

Für welche Fragen Sie sich entscheiden, hängt natürlich von Ihrem Partner ab. Manche können es überhaupt nicht ab, wenn Ihnen ein Spiegel vorgehalten wird, andere wiederum sind offen. Letztlich soll es darum gehen, dass er schrittweise lernt zu begreifen, welche extrem einseitige Geschlechtsrollenidentität er innehat. Dann wird ihm auch eher bewusst, was eine solche Einstellung für das eigene Leben und die Zweierbeziehung insgesamt bedeutet. Möglicherweise lockern einige Aha-Momente eingefahrene Gewohnheiten auf und er verzichtet künftig auf automatisierte, unerwünschte Verhaltensweisen. Vielleicht hetzt er nach mehreren Gesprächen nicht mehr so extrem dem männlichen Idealbild hinterher.

Es ist natürlich klar, dass die genannten Konfrontationspraktiken *immer* mit positiven Verstärkungen (Belohnungen) kombiniert werden müssen. Und natürlich wissen Sie selbst am besten, was für den anderen echte Belohnungen sind und was nicht.

Zusammenfassung/Tipps

- Praktizieren Sie Anpassung, indem Sie Aussehen, Können und die Fähigkeiten des anderen anerkennen und zeitweise bewundern.
- In Zwiegesprächen können Sie intime und brisante Themen anschneiden („Wärst du auch gerne mal schwach?")
- *Nie,* aber auch wirklich *nie* den Mann an Ihrer Seite als „Schlappschwanz" oder Weichei hinstellen.
- Weisen Sie Ihren Partner ausschließlich in Momenten, in denen die Chemie stimmt, auf die Kosten seines Verhaltens hin – und natürlich nicht, ohne die Stärken zu erwähnen!
- Phallische Narzissten flirten gerne mit anderen Frauen, um sich Bestätigung zu holen. Das müssen Sie nicht überbewerten. Besprechen Sie aber irgendwann einmal gemeinsam die Frage: „Wo fängt bei uns beiden die Untreue an?"

Allgemeine Empfehlungen zum Umgang mit Histrionikern (ödipaler Typ)

Nun zum charakterlichen Gegenpol. Auch histrionisch strukturierte Frauen vom ödipalen Typ, um die es im Folgenden geht, scheinen nach außen hin einem Ideal entsprechen zu wollen. Wie erwähnt, handelt es sich dabei um das der Weiblichkeit schlechthin. Das Grundbedürfnis solcher Persönlichkeiten lautet entsprechend: Anerkennung und Bewunderung der femininen Seiten. Wenn Sie ein Mann sind, der mit It-girls zu tun hat, reicht es bereits aus, hie und da ein Kompliment über ihre „tolle" Ausstrahlung auszusprechen. Die Gegenseite findet großen Gefallen daran.

Zuhören können ist ebenfalls eine effiziente Methode, um Beziehungskredit aufzubauen. Wenn Sie darüber hinaus in Gesprächen auch noch die Rolle des Beeindruckten mimen, kommt das der jeweiligen Beziehung sehr zugute.

Umgang mit der histrionischen Chefin (ödipaler Typ)

Eine betreffende Frau in der Chefetage ist im Berufsalltag manchmal sehr anstrengend. Sie hat ständig neue Ideen, die es umzusetzen gilt, und zwar *sofort*. Innovation ist eine ihrer Stärken. Dummerweise ist sie aufgrund ihres Charakters nicht zuverlässig in Bezug auf Zeitmanagement (König 2005). Daher sind diejenigen Mitarbeiter, die ihre aktuellen Projekte in die Praxis umsetzen sollen, auch nach kürzester Zeit genervt; Grund dafür sind Anfragen wie: „Na, ist die Präsentation endlich fertig?"

Leider kommt es auch nicht oft vor, dass sie klare Arbeitsaufträge gibt. Vielmehr muss man ihr die Wünsche von den Augen ablesen können. Kollegen, die neu ins Team aufgenommen werden, werden durch diese Eigenart meistens verwirrt und unter Druck gesetzt.

Was ebenfalls Spannungen auslösen kann, sind die unausbleiblichen Stimmungsschwankungen. Mal pflaumt sie ihre Untergebenen an, mal verteilt sie Lorbeeren. Einfach so. Nie weiß man, was einen am nächsten Tag erwartet. Auf Regen folgt Sonne, auf Sonne Regen.

Natürlich muss man ihre emotionalen Aufs und Abs ertragen lernen. Anpfiffe sollten nicht so ernst genommen werden. Meistens gehen sie auf das Konto innerer Unzufriedenheit oder passieren, weil sie Konflikte zu Hause hat, die sie mit ins Büro bringt. Ist sie blendend gelaunt, kann sie effizient motivieren. Fazit: Passen Sie sich so gut an, wie es nur geht.

Zusammenfassung/Tipps

- Dramatisch klingende Aussagen über Ihre Person, positive wie negative, sollten Sie nicht auf die Goldwaage legen.
- Praktizieren Sie Anpassung durch Komplimente bezüglich ihres hippen Modegeschmacks.
- Fordern Sie auch mal von ihr, dass sie sich konkret ausdrückt (etwa: „Was genau erwarten Sie von mir?").

Umgang mit histrionischen Arbeitskolleginnen (ödipaler Typ)

Haben Sie eine Mitarbeiterin im Boot, die ödipale Züge repräsentiert, dann werden Sie wissen, dass es im Berufsalltag nie langweilig wird. Sie bringt „Bewegung" in die Abteilung, besonders bei den Vertretern des „starken Geschlechts". Viele Männer sind in sie (heimlich) verschossen und umschwärmen ihren Schreibtisch. Und das hat seine Gründe: Histrionikerinnen tragen oft figurbetonte Kleidung, häufig Minirock, und setzen ihre weiblichen Reize, von denen es nicht wenige gibt, *ganz* gezielt ein. Und: sie flirten gerne.

Was außerdem anziehend wirkt, ist das typische Zusammenspiel zwischen schüchternem und selbstsicherem Auftreten. Ein It-girls weiß ganz genau, wie man Männer um den Finger wickelt. Und so kümmert sich gewöhnlich ein ganzer Fanklub um sie. Und die Fäden laufen bei ihr zusammen. Natürlich springen einige Verehrer immer mal wieder ab – wenn Betreffende ihr Spiel „Ich will doch nur Aufmerksamkeit" durchschauen.

Als männlicher Mitarbeiter wird man nur so lange positiv wahrgenommen und mit optimal platzierten Komplimenten bei der Stange gehalten, solange man ein durchschnittlicher Bewunderer ist. Will Mann „mehr", lässt sie einen am ausgestreckten Arm verhungern, bei *offenkundigem* Desinteresse hingegen reagiert sie eingeschnappt.

Wenn Sie also ein Mann sind: Genießen Sie zufällige Flirts im Arbeitsalltag, aber bitte mit einem gewissen emotionalen Abstand. Ansonsten verfallen Sie leicht dem Charme Ihrer Arbeitskollegin – was negative Folgen nach sich ziehen kann. Konzentrieren Sie sich lieber auf Ihren Arbeitsbereich.

Wenn Sie eine Frau sind: Verteilen Sie Komplimente bezüglich ihrer Ausstrahlung/Bekleidung/Schuhe, um Beziehungskredit aufzubauen. Wer ein It-girls mit positiver Ausstrahlung zur Freundin hat, kann eigentlich nur davon profitieren.

Zusammenfassung/Tipps

- It-girls wollen auffallen und anerkannt werden.
- Wenn Sie sie wegen ihrer Selbstdarstellung nicht ausstehen können, umkurven Sie weitmöglichst ihren Schreibtisch.
- Klare Absprachen treffen, entsprechende Kollegen „vergessen" manchmal wichtige Dinge!

Umgang mit histrionischen Kundinnen (ödipaler Typ)

Derart strukturierte Kundinnen bringen ihre Lebensthemen auch in Verkaufsgespräche ein. Sind Sie ein Mann, dürfen Sie sich ruhigen Gewissens an ihren lockeren Kommunikationsstil anpassen und ein bisschen mit ihr flirten. Wird über ein Produkt aus der Modebranche gesprochen, können Sie die gewinnbringenden Wirkungen des entsprechenden Artikels auf das soziale Umfeld hervorheben. Denn eine grandiose Außenwirkung wird ja gerade von solchen Damen angestrebt. It-girls lassen sich meiner Erfahrung nach an diesem Punkt packen. Verkäufer ohne moralische Skrupel kommen bei diesen Kundinnen am leichtesten zum Abschluss, weil sie so leicht zu beeinflussen sind.

Grundsätzlich gilt: Ödipal strukturierte Frauen wünschen sich einen abwechslungsreichen Kommunikationsstil. Ein eher oberflächliches, aber freundliches Gespräch bringt in Bezug auf den Umgang mit Histrionikerinnen viel mehr als die ausführliche Schilderung des Produkts selbst (genau umgekehrt sieht es hingegen bei der zwanghaften Struktur aus).

Zusammenfassung/Tipps

- Wenn Sie ein Mann sind: Flirten Sie während der Beratung, und vor allem: Verderben Sie nicht die Stimmung mit überflüssiger Fachsimpelei.
- Passen Sie sich dem expressionistischen Gesprächsstil an, den die Kundin pflegt („Das Produkt ist echt der Hammer usw.").

Umgang mit der histrionischen Mutter (ödipaler Typ)

Ironisch gesprochen sorgen Mütter mit It-girl-Mentalität durch ihre teils theatralischen, teils dramatisierenden Denk- und Verhaltensweisen für eine „abwechslungsreiche Erziehung". Kinder solcher Betreuungspersonen erleben großspurige Szenen ohne ersichtlichen Grund, etwa unsinnige Streitigkeiten zwischen den Elternteilen. Mutters allgemeine Anfälligkeit für unvorhersehbare Stimmungsschwankungen ist dafür verantwortlich, dass Heranwachsende verschiedene Wahrnehmungen verinnerlichen (müssen), die zwischen den beiden Extremen „extrem böse/bestrafend" und „extrem gut/liebend" liegen. Das entzweit nicht nur die kindliche Psyche, daraus entwickelt sich meistens auch eine sehr ambivalente Mutter-Kind-Beziehung.

Folgenreich ist auch ihr charakteristischer Drang nach Abwechslung in möglichst vielen Lebensbereichen: Häufig werden üppige Partys zu Hause gefeiert, man reist gemeinsam zu den entferntesten Urlaubsorten (und vor allem *oft*). Eine andere Sache betrifft das Thema Männer: Auch histrionisch strukturierte Frauen wollen „auf breiter Front" begehrt sein. Das kann bedeuten, dass Mama– selbstverständlich auch in Anwesenheit aller Familienmitglieder – rege mit attraktiven Vertretern des anderen Geschlechts flirtet. Häufige Partnerwechsel und zahlreiche Wohnungswechsel kommen in extremen Fällen auch vor. All diese Phänomene färben natürlich auf die kindliche Seele ab.

Wenn die Pubertät ihrer Tochter einsetzt, nehmen histrionisch strukturierte Mütter vom ödipalen Typ großen Anteil am Liebesleben der jungen Dame. Nicht selten soll die Heranwachsende stellvertretend die Sehnsüchte und Träume der verheirateten Erzieherin ausleben. Manchmal macht Mama auch vor dem neuen Freund nicht halt, was nicht nur deplatziert ist, sondern vermutlich auch für viel Missmut sorgt.

Wie geht man nun mit einer solchen Pädagogin um? Soll man sich mit ihr streiten, bis die Fetzen fliegen? Das ist zu jederzeit möglich und ganz auf ihrer Linie. Oder soll man alles über sich ergehen lassen? Der Mittelweg ist zu empfehlen. Die nervtöten-

den und zuweilen auch durchaus peinlichen theatralischen Auftritte in Gesellschaft müssen Sie schon tolerieren; sie braucht
das. Gegen ihre Stimmungsschwankungen können Sie auch
wenig tun. Gut wäre ein gesunder Abstand, z. B. getrennte Haus-
halte. Wer seine Mutter mit den Nachteilen ihres Persönlichkeitsstils konfrontieren will, kann das nur schrittweise tun, wenn sie
in „geeigneter" Stimmung ist. Dann bieten sich Zwiegespräche
an (siehe oben).

Zusammenfassung/Tipps

- Mütter vom ödipalen Typ müssen von Zeit zu Zeit innere
  Spannungen durch intensiv ausfallende Auftritte abreagie-
  ren. Thematisieren Sie doch einmal einen solchen Vorfall
  und sprechen Sie darüber.
- Nehmen Sie verletzende, weil übertriebene Anschuldigun-
  gen nicht zu ernst. Bleiben Sie in solchen Momenten auf
  der Sachebene und verweigern Sie kontinuierlich ein Spiel
  wie „Du bist für das ganze Dilemma verantwortlich", etwa
  durch pointierte Gegenfragen („Was meinst du damit
  genau? Ich verstehe dich nicht" usw.).
- Sorgen Sie für emotionalen und räumlichen Abstand!

Umgang mit der histrionischen Partnerin (ödipaler Typ)

Eine Partnerin mit It-girl-Mentalität bringt viel Abwechslung und
Dynamik in den Beziehungsalltag. Vieles dreht sich ums Aussehen, Kosmetik und Shoppen. Tagesfüllende Gesprächsthemen
sind: Klamotten, Schmuck, Frisuren, Schuhe und – wenn Sie
nicht anwesend sind – *Männer*. An jedem Wochenende – ab
und zu auch unter der Woche – trifft sie sich mit Freunden,
möchte in die Disco, zu Konzerten, ins Theater usw. Ihre Devise heißt „Sehen und gesehen werden".

Weil derart strukturierte Frauen ausgiebig mit einer möglichst
großen Anzahl an Männern flirten, um sich wie eine „begehrte
Frau" zu fühlen, kann sehr leicht Eifersucht bei Ihnen entstehen.

Diese ist aber meistens unangebracht. Denn wie wir jetzt wissen, legen es betreffende Partnerinnen *nicht* auf einen Seitensprung an. Es geht nur um eine attraktive Außenwirkung.

Ihr extremes Kommunikationsbedürfnis kann oft anstrengend sein: Wenn Sie abends müde nach Hause kommen, kann es sein, dass Sie sofort als aufmerksamer Zuhörer gefordert sind. Wie oben erwähnt, imponieren It-girls zumeist als Quasselstrippen. Hier gilt es, unmissverständlich, aber freundlich Grenzen zu setzen: „Schatz, lass' mich 20 Minuten durchatmen, ich hatte heute viel Stress. Danach möchte ich aber genau wissen, was los war, okay?"

Charakterlich umkrempeln werden Sie Ihren Schatz nicht. Einen Schuss Histrionie müssen Sie schon akzeptieren, und das können Sie auch. Ansonsten hätten Sie nicht zu Ihrer aktuellen Partnerin irgendwann einmal ja gesagt. Vergessen Sie nie: Histrionikerinnen bringen oft Innovation und Abwechslung in Ihr Leben, sie sind spontan, stimmungsvoll und können ihr Umfeld begeistern.

Machen Sie ihr auch öfter mal kleine Geschenke. Bringen Sie von Zeit zu Zeit einen Strauß Blumen mit nach Hause. Sie wird sich freuen. Gemeinsame Reisen schweißen auch zusammen. Machen Sie ihr klar, dass ihr „So-Sein" *auch* liebenswert ist. Das können Sie in Zwiegesprächen thematisieren.

Zusammenfassung/Tipps

- Ihre Partnerin genießt es, sich oft schick zu machen und bei gesellschaftlichen Anlässen aufzufallen. Nicht darüber lustig machen!
- Seien Sie nicht nachtragend, wenn mal die Fetzen fliegen. Ihre Partnerin vergisst schnell; sie braucht solche Situationen, um mal Dampf abzulassen. Dasselbe gilt für Ihre Spiele „Schmollen" und „Ignorieren".
- Nehmen Sie sie auch dann noch ernst, wenn sie zum 150. Mal offensichtlich „Blitz-Migräne" bekommt, um Ihren Männerabend zu verhindern. Aber: Grenzen setzen! („Schatz, wir haben gemeinsam die Abmachung getroffen,

dass jeder von uns vier Mal im Monat alleine unterwegs ist. Und daran halten wir uns jetzt – beide.")

- ■ Romantik einbringen! Kleine Überraschungen (Blumen, spontane Einladungen zum Essen, Geschenke aller Art) werden die Beziehungsqualität *sehr* positiv beeinflussen.

Dependente Persönlichkeiten

Allgemeine Empfehlungen zum Umgang mit dependenten Persönlichkeiten (Helfertyp)

Mitmenschen mit überdurchschnittlich stark ausgeprägten Helferambitionen erscheinen anderen gegenüber häufig als sehr zuvorkommend, uneigennützig; gleichzeitig machen sie den Eindruck, selbstbewusst und seelisch stabil zu sein. Helfertypen haben immer ein offenes Ohr für die zahllosen Lebensprobleme ihrer Mitmenschen. Sie sind „Macher".

Wer jedoch hinter die Fassade blickt, weil er z. B. über einen längeren Zeitraum hinweg mit diesen Strukturen zu tun hat, sieht irgendwann: Betreffende *müssen* hilfsbereit sein und sich anderen zuwenden. Auf der anderen Seite verdrängen sie schlicht und einfach eigene knifflige Angelegenheiten. Nicht selten geht es irgendwann nur noch um Probleme und um das Spiel „Lass und mal drüber reden".

Was ist grundsätzlich zu tun? Zunächst sollte man in geringer Dosierung zulassen, dass der andere die Helferrolle ausübt. Nicht vergessen: Jahrelange Prägungen haben ihn erst dazu „inspiriert". Daraus folgt, dass Sie sich phasenweise für Hilfeleistungen aller Art bedanken sollten. Das schmeichelt dependenten Persönlichkeiten. Gleichzeitig ist auch die Vermittlung folgender Botschaft wichtig: „Du darfst bei mir auch einmal schwach sein."

Umgang mit dem dependenten Chef

Seine Überzeugung lautet: „Fehle ich auch nur einmal, bricht der ganze Laden auseinander." Er ist davon überzeugt, *unentbehrlich* zu sein. Sein Arbeitseifer ist legendär, und Überstunden sind die Regel. Sollte ein dependenter Chef doch einmal krankheitsbedingt das Bett hüten müssen, meldet er sich dennoch mehrmals am gleichen Tag bei seiner rechten Hand im Betrieb und gibt Anweisungen.

Betreffende überlasten sich selbst gewöhnlich damit, dass sie überdurchschnittlich viele Zuständigkeitsbereiche übernehmen: Projektorganisation, Planung von Betriebsfeiern usw. Hinzu kommen meistens weitere freiwillige Führungsaufgaben außerhalb des Berufs.

Viele Mitarbeiter sind unglaublich genervt von solchen überengagierten Vorgesetzten. Man fühlt sich bevormundet, übergangen, manchmal wie ein „kleines dummes Kind". Eigene Fähigkeiten werden nicht ausreichend anerkannt, oft heißt es: „Herr Nichtskönner, Sie brauchen meine Hilfestellung."

Doch natürlich gibt es auch positive Aspekte im Berufsalltag. Das Büro der Führungskraft ist eine Anlaufstation für (kostenlose) psychotherapeutische Beratungsgespräche. „Kommen Sie nur rein, Frau Hilflos. Wo drückt der Schuh?"

Was aber ist bei erhöhtem „Nervpotenzial" zu tun? – In diesem Fall sind die Möglichkeiten leider begrenzt. Sie müssen sich klarmachen: Ihr Chef ist nicht etwa aus Zufall Vorgesetzter in Ihrer Institution. In dieser Umgebung kann er hauptberuflich seiner Grundmotivation nachgehen: für andere organisieren, sorgen usw. Er „braucht das".

In extremen Fällen können Sie in Teambesprechungen einmal gemeinsam mit Ihren Kollegen die Minderwertigkeitsgefühle verbalisieren, die durch den Führungsstil Ihres Chefs ausgelöst werden, etwa: „Wir fühlen uns unterfordert, wenn Sie zu Hause unser Projekt zu Ende bringen." Neue Absprachen bezüglich der Arbeitsverteilung sind auch diskutierbar.

Solche Vorgehensweisen bedeuten für Ihren Vorgesetzten aber nichts anderes als Konfrontation, weil sie implizieren, dass seine Verhaltensweisen in irgendeiner Weise gestutzt werden. Daher müssen Sie – wie immer – positives Feedback einstreuen: „Wir haben Ihnen viel zu verdanken, Sie sorgen sich so sehr um unser Wohlbefinden. Wie wäre es, wenn wir Ihnen etwas zurück-

geben? Dafür brauchen wir aber ein bisschen mehr Bewegungs-
raum. Was können wir da tun?"

Zusammenfassung/Tipps

- Sprechen Sie Anerkennung für ihre/seine zahlreichen hilf-
  reichen Interventionen aus.
- In Meetings können die negativen Auswirkungen seines
  Engagements angesprochen werden.

Umgang mit dependenten Arbeitskollegen

Die kollektive Stimmung in der Abteilung kann durch die Anwesenheit eines „Helfers aus Leidenschaft" im Nebenzimmer stark
beeinträchtigt werden. Er fordert von anderen das gleiche Engagement, das er selbst zeigt. Für ihn ist es ganz normal, sich ausgiebig für andere oder den Betrieb insgesamt zu engagieren.
Ähnlich wie auch dependente Chefs, reißen entsprechend strukturierte Kollegen viele Arbeitsbereiche an sich und hängen sich
voll rein, wie man sagt.

Wenn Sie im Allgemeinen schlecht Nein sagen können, wenn
man Sie um etwas bittet: *Sie werden es in diesem Fall lernen
müssen.* Ansonsten wird Ihnen vom anderen zu viel aufge-
brummt, und dann ärgern Sie sich zu Hause: „Wieso habe ich
nur wieder zugestimmt, das Meeting zu planen?" Abgrenzung ist
das A und O.

Viele Berufsanfänger übrigens, die die hier beschriebene Hel-
fermentalität aufweisen, gelangen bereits nach wenigen Tagen
Berufserfahrung im Betrieb zu der Meinung: „Ich weiß, wie man
die Arbeitsabläufe hier optimieren könnte." Solche Ambitionen
bringen selbstverständlich die Alteingesessenen im Nu auf die Palme. Nicht selten gibt es dann einen Dämpfer, für den der Betroffene kein Verständnis aufbringt. Umgehend wird das „Gespräch
der Gerechtigkeit" mit dem Vorgesetzten gesucht: „Frau Richter,
ich werde hier gemobbt! Die anderen haben alle was gegen mich!
Und ich habe niemandem etwas getan!" Man tut solchen Kollegen

einen Gefallen, wenn man sie frühestmöglich beiseite nimmt und ihnen unter vier Augen erklärt, wie der Laden läuft.

Zusammenfassung/Tipps

- Dependente Mitarbeiter sind im Beruf sehr engagiert.
- Man muss sie ein bisschen bremsen – aber mit Fingerspitzengefühl.
- Nicht vergessen: Loben Sie Ihre Kollegen für ihre Leistungsbereitschaft.
- Setzen Sie auch Grenzen („Das gehört nicht zu Ihrem Aufgabenbereich!").

Umgang mit dependenten Kunden

Kunden mit entsprechender Persönlichkeit haben erfahrungsgemäß eine sehr genaue Vorstellung von dem, was sie kaufen wollen. Sie gehören auch gewöhnlich zu derjenigen Klientel, die einiges an Fachwissen mitbringt. Durch ihre emotionale, warmherzige Art bereichern sie das Gespräch – natürlich nur, wenn die Andern dies zulassen.

Meistens verraten Betreffende die Bereitschaft zu einer liebenswürdigen (Verkaufs-)Konversation durch offene, freundliche Mimik und Gestik. Das bietet dem Verkäufer die Gelegenheit zu einem lockeren Small Talk, aus dem heraus er gut auf das jeweilige Produkt überleiten kann.

Sehr wichtig ist solchen Kunden die Funktionstüchtigkeit und Verlässlichkeit des Artikels. Gehen Sie daher vor allem auf diese beiden Kriterien ein. Weite fachliche Ausschweifungen sind in diesem Falle natürlich tabu.

Zusammenfassung/Tipps

■ Nutzen Sie die Möglichkeit zu netten Verkaufsgesprächen auf der Beziehungsebene.

■ Es gilt, die entsprechenden Produkte, die zum Verkauf stehen, in Bezug auf ihre Verlässlichkeit und Funktionstüchtigkeit darzustellen.

Umgang mit dependenten Eltern

„Wie kannst du nur so denken – was wir alles für dich getan haben", entrüsten sich entsprechend strukturierte Eltern oft, wenn sie von ihren Kindern mit den Folgen ihrer erdrückenden Erziehungsmethoden konfrontiert werden. Man kann sich leicht denken, um welche Folgen es sich meistens handelt. Durch die typische „Nur-ich-weiß-was-gut-für-dich-ist"-Erziehung wird so mancher Heranwachsende zur allgemeinen Passivität dem Leben gegenüber genötigt. Dependente Eltern nehmen ihren Nachkommen so gut wie alles aus der Hand. „Komm her, ich mach das für dich, dafür bist du noch zu jung."

Dependente Erzieher lassen ihren Nachwuchs nicht gerne erwachsen, oder besser: selbstständig werden. Denn: Je unabhängiger und selbstsicherer der andere wird, desto weniger Hilfe bedarf er ja von außen. Bleibt das Verhältnis in einem solchen Ungleichgewicht dauerhaft bestehen, sehen wir spätestens zu Beginn der Pubertät einen Menschen vor uns, der schlicht und einfach gelernt hat, dass er nichts kann. Psychologen sprechen dann von „erlernter Hilflosigkeit" (Seligman 2000).

Doch Wut gegen dependente Erzieher ist völlig unangebracht. Man sollte sich immer wieder bewusst machen, dass solche Charaktere aufgrund von biografischen Erfahrungen so „sind". Daher sollte man ihnen eher verzeihen und kein negatives Urteil fällen. Das bedeutet auch, dass man sich als Betroffener nicht gegen *jeden* mütterlichen oder väterlichen gut gemeinten Rat vorauseilend sträuben muss. Dependente Eltern fühlen sich durch Ratschläge in ihrer Rolle anerkannt.

Zusammenfassung/Tipps

- Erzieher, die unter dem Helfer-Syndrom leiden, stabilisieren ihr Selbstwertgefühl, indem sie den Kindern vermitteln: „Du brauchst uns, ohne uns bist du verloren."
- Heranwachsende werden nicht objektiv wahrgenommen, weil die Beziehung meist zu symbiotisch ist.

Umgang mit dem dependenten Partner

Eigentlich müsste man sich auf den ersten Blick glücklich schätzen, einen „Fels in der Brandung" an seiner Seite zu haben, der selbstsicher und mit breiter Brust durchs Leben schreitet und die alltäglichen Schwierigkeiten souverän (für beide) aus dem Weg räumt. Man muss sich auch nicht mit so unnützen Dingen des Alltags wie etwa Haushalts- und Finanzangelegenheiten beschäftigen – wird alles vom anderen erledigt, und zwar zuverlässig.

Doch leider wird man gleichzeitig auch unglaublich unterschätzt. Der andere nimmt ja nur ein Zerrbild von einem wahr. Er braucht jemanden, der sozusagen oft ein bisschen hilflos ist – *und es auch bleibt.* Je mehr Eigeninitiative Sie zeigen, desto eher *belasten* Sie sogar den Seelenfrieden Ihres Partners. Ein Teufelskreis.

Ihr Gegenstück mit Helferkomplex hat zwar auch Wünsche und Ansprüche – aber diese werden nie ausgesprochen. Das hat mit der allgemeinen innerpsychischen Problematik zu tun, die bis in seine Kindheit zurückreicht. Er wird sicherlich seine schwachen Momente haben, aber Sie werden davon wahrscheinlich nichts mitbekommen, sollten Sie in seinen Augen ausschließlich ein Hilfloser sein.

Um die Partnerschaft aus dem Sumpf festgefahrener Helfer-Rollenverteilung zu befreien, können einige Vorgehensweisen berücksichtigt werden.

Sie können als Erstes an Ihrer eigenen Selbstständigkeit arbeiten. *Schrittweise* dürfen Sie mehr Verantwortung für sich selbst und für das Gelingen der Zweierbeziehung insgesamt übernehmen.

Auch schadet es nicht, das Thema Helfer-Syndrom in einem bzw. mehreren Zwiegesprächen zur Sprache zu bringen, es verbindet Sie ja wahrscheinlich; etwa so: „Hast du früher deine Familie unterstützen müssen?" Thematisieren Sie auch vergangene Liebesbeziehungen, vielleicht tauchen bekannte Muster auf.

Sollten Sie beide meistens eine nervtötende Symbiose rund um die Uhr erleben, dann reservieren Sie schrittweise Frei-Zeit, in der Sie jeweils etwas alleine unternehmen. Die üblicherweise daraufhin entstehende Angst vor Verlust muss ausgehalten werden. Die Zusammenkunft darf dann mit den schönen Dingen des partnerschaftlichen Lebens gefeiert werden. Natürlich können Sie auch mal den Vorschlag (mit Nachdruck!) machen, dass Sie alleine die Planung des nächsten romantischen Abends übernehmen. (Daneben müssen Sie aber immer wieder betonen, wie wichtig Ihnen Ihr Partner ist, was Sie ihm zu verdanken haben usw. – Sie wissen ja: Konfrontation muss mit Anerkennung verbunden sein.)

Zusammenfassung/Tipps

- Helfertypen profitieren von ihrer aktiven Rolle in der Partnerschaft, fühlen sich dadurch entsprechend anerkannt.
- Spenden Sie auch weiterhin Anerkennung, obwohl der andere – wie immer – Dank abwehrt, etwa mit: „Ach, nicht der Rede wert!" Insgeheim freut er sich *doch* über Ihre Erkenntlichkeit.
- Sie können ihn auch mal mit einem zubereiteten Abendessen überraschen, wenn er nach Hause kommt. Oder Sie füllen unangekündigt den Kühlschrank auf.
- Treffen Sie Absprachen über ein gesundes Verhältnis zwischen Geben und Nehmen in der Beziehung.

Allgemeine Empfehlungen zum Umgang mit dependenten Persönlichkeiten (Hilflose)

Diese Charaktere zeichnen sich durch ausgeprägte Passivität im Alltag aus. Man fragt sich manchmal, wie sie überhaupt durchs Leben kommen. Sie betreiben, wie Fritz Riemann einmal sagte, eine Art „Vogel-Strauß-Politik". Interessanterweise können Hilflose immer auf ein entsprechend aufmerksames Umfeld zurückgreifen, das sie auffängt. Das bedeutet, ihre Schwäche ist eigentlich auch gleichzeitig ihre Stärke.

Dies hat Auswirkungen in Bezug auf den Umgang mit ihnen. Sicherlich kann man sich dependent strukturierte Menschen vom hilflosen Typ erfolgreich vom Hals halten, wenn man von Beginn ab nicht auf ihr Spiel „hilflos" eingeht.

Wenn man mit ihnen *gezwungenermaßen* zu tun hat, sieht die Sache schon anders aus. Zwei Fehler sollte man nicht machen: 1. Ihnen *alles*, was Arbeit macht und Überwindung kostet, abnehmen; 2. gar keine Hilfsbereitschaft aufbringen.

Umgang mit dem dependenten Chef

Es verwundert nicht, dass man dependent strukturierte Vorgesetzte vom hilflosen Typ so gut wie gar nicht antrifft. Der Grund: Diesem Charakter, der vorauseilend Friedfertigkeit, Empathie und Harmlosigkeit vermittelt, fehlt es ja gerade an kämpferischen Qualitäten, die eine Führungskraft u. a. innehaben sollte.

Passiert es dennoch, dass Hilflose einmal die Karriereleiter „hinauffallen" – das geschieht dann verständlicherweise eher aus Versehen –, sind vielfältige Konflikte mit dem Umfeld vorprogrammiert. Die Mitarbeiter durchschauen ihren Chef sehr schnell: „Wie um alles in der Welt ist der in diese Position gekommen?" Die Folge: Mobbing – manchmal ziemlich heftig.

Wer hingegen Mitleid mit einer dependenten Führungskraft hat, wird sie gewiss unterstützen, ihr zuarbeiten und für sie stellvertretend Aufgaben bzw. Arbeitsaufträge erledigen. Tatsächlich gibt es nicht wenige Teams bzw. Abteilungen, in denen die Belegschaft die meisten Führungsaufgaben mit erledigt. Das hat dann aber keine humanitären Gründe.

Zusammenfassung/Tipps

- Erwarten Sie von Ihrem Vorgesetzten nicht, dass er Sie vor anderen verteidigt.
- Berücksichtigen Sie, dass Ihr Chef vor allem auf der Beziehungsebene kommuniziert, also vorwiegend ein „Herzmensch" ist.
- Bilden Sie sich bloß nichts darauf ein, wenn Sie ihm durch erhöhte Arbeitsleistung den Rücken frei halten.

Umgang mit dependenten Arbeitskollegen

Solche Berufsgenossen schwimmen zumeist mit dem Strom und heben ihr Fähnchen in den Wind. *Ganz* harmlos und friedfertig sind sie. Hilflose sind sehr unauffällig im Berufsalltag, was aber nicht heißt, dass sie ihre eigenen Angelegenheiten bewältigen. Sie sind eingebunden in ihr berufliches Umfeld und meistens auch sehr beliebt. Höflichkeit und vorauseilende Demut kommen schließlich gut an.

Manchmal kann es aber schon nerven, dass der andere zu allem, was man ihm aufträgt, zwar sofort Ja und Amen sagt, *aber Probleme mit der Umsetzung hat.* Man darf nicht vergessen, dass dependent Strukturierte gelernt haben, dass sie nicht viel können. Daher muss man sie auch immer wieder aufs Neue einarbeiten. Das kann zwar dem eigenen Selbstwertgefühl Auftrieb geben, wird aber irgendwann auch lästig.

Daher sollte man bereits zu Beginn der Arbeitsbeziehung auf entsprechende Psychospiele sehr genau achten. Das ist nicht so leicht, wie es klingt, denn sie kommen auf ganz leisen Sohlen daher. Also ist es auch sinnvoll, den anderen an diejenigen Zuständigkeitsbereiche zu erinnern, für die er ohne Wenn und Aber die alleinige Verantwortung trägt. Des Weiteren gilt es, klare, verständliche Aufträge zu geben. Überfordern Sie den anderen nicht gleich zu sehr, das haben seine Bezugspersonen früher schon oft genug getan – und daher wird es auf diese Art nicht funktionieren.

Zusammenfassung/Tipps

- Dependente Arbeitskollegen vom hilflosen Typ können schlecht Nein sagen.
- Sie passen sich vorauseilend den vorgegebenen Strukturen an.
- Als Gesprächspartner wird man dazu animiert, Tipps und Ratschläge zu geben (oder es gleich selbst zu tun).
- Man muss sie des Öfteren an ihre Zuständigkeitsbereiche erinnern.

Umgang mit dependenten Kunden

Ein gefundenes Fressen für gewiefte Verkäufer sind nicht nur ödipal strukturierte Kunden (siehe oben), sondern auch dependente Charaktere vom hilflosen Typ. Letztere lassen sich schnell was „aufdrücken". Der Berater muss nur schnell und viel reden und nebenbei, und das ist der Unterschied zur ödipalen Struktur, ein bisschen Druck machen – dann knickt der Kunde ein. Der Grund für diese Beeinflussbarkeit liegt, wie oben schon erwähnt, in der mangelhaft ausgeprägten Fähigkeit, Nein sagen zu können.

Auf der anderen Seite kommt erschwerend das Unvermögen hinzu, aktuelle Bedürfnisse aufzuschieben. Beispiel: Wenn ein dependent strukturierte Kunde einen neuen Computer kaufen will, *dann wird er ihn auch an diesem Tag kaufen*, komme, was da wolle. Vielleicht kostet das Fabrikat in einem anderen Markt in einer anderen Stadt 100,– Euro weniger – vollkommen irrelevant. Die Devise heißt: „*Jetzt* bin ich hier, *jetzt* will ich es, *jetzt* kauf ich es." Da nimmt man sogar das Ausstellungsstück mit, wenn nichts mehr auf Lager ist.

Nicht selten bereuen Betreffende einen solchen Schnellschuss im Nachhinein, und zwar aus zwei Gründen: 1. Man sieht ein, dass es nicht unbedingt dieser Artikel hätte sein *müssen*; 2. Man hat – im Falle von größeren Anschaffungen – wahrscheinlich *schon wieder* eine Finanzierung abgeschlossen.

Zusammenfassung/Tipps

■ Dependent strukturierte Kunden vom hilflosen Typ lassen sich vieles aufschwatzen.

■ Aufgrund ihrer schwach ausgeprägten Frustrationstoleranz sind sie die Spontankäufer par excellence.

Umgang mit dependenten Eltern

Wer denkt, dass entsprechend strukturierte Erzieher auch eine lockere, passive Einstellung zeigen, sobald es um Erziehungsfragen geht, liegt goldrichtig. Es wird meistens der Laissez-faire-Erziehungsstil praktiziert. Das heißt, man überlässt Heranwachsende weitgehend ihrer eigenen Willkür, setzt ihnen wenige Grenzen („Es sind doch *Kinder!*"). Die körperlichen und psychischen Bedürfnisse erfüllt man andererseits sofort. Man kann stets davon ausgehen, dass zwischen den beiden Parteien ein sehr intensiver und symbiotischer Kontakt vorherrscht. Bedenklich wird diese Konstellation, wenn der Zögling eine *dauerhafte* Distanzlosigkeit erfährt. Späterhin wird er dann Probleme haben, eine mittlere Entfernung zu Mitmenschen aufrecht zu erhalten. Das bringt Komplikationen mit sich, vor allem im Beruf, aber auch in der Freizeit. In einer späteren Zweierbeziehung können die Erfahrungen sich als neurotische Verlustangst niederschlagen. Die Folge: man klammert ungemein, sucht die größtmögliche Nähe, Bindung und – *Abhängigkeit*. Wir Pfälzer nennen einen derart anhänglichen Typen manchmal „babbisches Guzje"; zu deutsch: „klebriges Bonbon".

Wer nun zu der Auffassung gelangt, er würde unter dem Babbisches-Guzje-Syndrom leiden, sollte jetzt nicht gleich diejenigen angreifen, die er dafür intuitiv verantwortlich macht: „Leute, wegen euch habe ich diesen verdammten symbiotischen Charakterzug!" Die Erzieher werden abwehren, was verständlich ist. Das bringt nichts. Grenzen Sie sich lieber etwas mehr ab und konzentrieren Sie sich auf den eigenen Lebensentwurf, der ist anstrengend genug.

Zusammenfassung/Tipps

- Dependente Eltern neigen dazu, ihre Kinder zu stark zu verwöhnen und zu verzärteln.
- Heranwachsende lernen meistens nicht, dass es sehr gut tun kann, wenn man seinem Unmut auch mal nach außen hin abreagiert.
- Kinder sollten Erziehern mit dependenter Struktur verzeihen.

Umgang mit dem dependenten Partner

Dependente Partner vom hilflosen Typ geben sich passiv in allen Lebenslagen. Für den Anderen gibt es viel Praktisches zu tun: Haushalt organisieren, Einnahmen und Ausgaben koordinieren, putzen, aufräumen, Müll runter tragen, Aufgaben verteilen, soziale Kontakte abwickeln usw. Das kann zunächst reizvoll oder süß sein; irgendwann nervt es aber. Denn der andere *bleibt* passiv, egal was er auch verspricht, etwa: „Ja, okay, ich mache in Zukunft mehr im Haushalt."

Daran haben Sie natürlich auch einen nicht geringen Anteil. Wären Sie nicht so engagiert und übereifrig am Anfang gewesen, gäbe es nicht die strikte Rollenverteilung. Ja, Sie dürfen ruhig auch mal einen Blick in Ihr Inneres werfen!

Ebenfalls problematisch kann das oben bereits erwähnte sehr hohe Bedürfnis nach Nähe sein. „Wo gehst du hin?", „Wo warst du denn so lange?", heißt es dann häufig. Die Eifersucht sagt auch oft: „Hallo." Und wie die Tollpatschigkeit nervt! Schön wäre es, nicht wahr, wenn der andere auch nur ein bisschen mehr Verantwortung für sich selbst und sein Leben übernehmen würde. Dies würde auch den positiven Effekt nach sich ziehen, dass Sie beide durch die daraus resultierende Distanz mehr Luft zum Atmen hätten.

Was tun? Grundsätzlich gilt das Prinzip: „Hilfe zur Selbsthilfe". Sie dürfen also zukünftig nicht in jeder Situation, in der sich der andere mal wieder dumm anstellt, sogleich Tipps geben, wie man am besten vorgeht. Gerade durch die Übernahme der Retter-Rolle bleibt die bisherige Situation ja so verfahren, wie sie ist. Sagen Sie in entsprechenden Momenten zu sich selbst: „Halt! Moment!" Dann fragen Sie Ihr Pendant: „Was ist deine Meinung hierzu?" Drängen Sie ihn dazu, Meinungen zu finden und zu vertreten. Dadurch wird Ihr Partner selbstständiger. Vergeben Sie auch unmissverständlich Arbeitsaufträge und loben Sie Ihren Partner, wenn er erfolgreich war.

Eine andere Empfehlung: Offenbaren Sie in Zwiegesprächen auch mal offen und ehrlich Ihre eigenen Schwächen und Fehler. Ihr Partner meint nämlich eventuell, Sie hätten keine. Ein zeitweiliger Rollentausch bietet sich ebenfalls an. Dann können beide einmal die Perspektive des anderen einnehmen. Sehr gewinnbringend und lehrreich. Lassen Sie Ihren Schatz doch mal das komplette nächste Wochenende planen. Entstehende Erfolge sorgen dafür, dass einige seiner negativen Schemata wie „Ich kann nichts" oder „Ich bin hilflos" ad absurdum geführt werden. Dann ändert sich was! Betreiben Sie auch Biografiearbeit, indem Sie Ihre Vergangenheit thematisieren.

Bei ausreichendem Beziehungskredit dürfen Sie auch mal die Spiele, die Sie beide spielen, ansprechen. Etwa so: „Sag mal, ist es manchmal so, dass du dich ein bisschen chaotischer gibst, als du bist; weil du weißt, dass ich die Sache dann erledige?", oder direkter: „Kennst du das Blöd-Spiel? Der eine tut so, als könne er nix, der andere macht's dann halt." Aber bitte mit Humor! Weil eine derartige Konfrontation beim anderen Ängste bzw. Aggression auslöst, müssen Sie wie immer bekräftigen, dass Sie ihn für sein So-Sein lieben und *nicht* vorhaben, ihn zu verlassen.

Zusammenfassung/Tipps

- ■ Dependent strukturierte Partner fordern unbewusst, dass Sie das Leben für beide regeln.
- ■ Es schadet nicht, das Selbstwertgefühl des anderen dadurch zu steigern, dass man ihm Arbeitsaufträge gibt, die er leicht schafft.

- Fragen Sie ihn öfter nach seiner Meinung, wenn es um Dinge geht, die die Partnerschaft betreffen. Achtung: Er wird dazu neigen, sich Ihrer Meinung blind anzuschließen.
- Es gilt das Prinzip „Hilfe zur Selbsthilfe", d.h., Sie dürfen ihm zeigen, wie es geht, aber tun muss er es irgendwann alleine.

Schizoide Persönlichkeiten

Die Grundbedürfnisse von schizoiden Menschen sind:
- Autonomie,
- Eigenständigkeit,
- Freiheit,
- emotionale Distanz bei zwischenmenschlichen Begegnungen.

Allgemeine Empfehlungen

Wie wir gesehen haben, halten sich Schizoide im zwischenmenschlichen Alltag eher im Hintergrund. Sie fühlen sich im Allgemeinen besser, wenn sie für sich sind. Man kann sie, wenn überhaupt, nur schrittweise zur Geselligkeit ermuntern. Den Hang zum Einzelgängertum gilt es grundsätzlich zu respektieren. Dennoch können wir auf nützliche Anregungen für den Hausgebrauch zu sprechen kommen.

Menschenkenner wissen, dass schizoide Menschen früher einmal bestimmten Verhältnissen ausgeliefert waren, die maßgeblich zum Aufbau von extremen Rückzugstendenzen beigetragen haben. Da es sich um tief eingeschliffene Verhaltensmuster handelt, sind sie nur eingeschränkt veränderbar.

Ähnliche Zurückhaltung ist auch bei folgender Auffälligkeit geboten: die auffallende Inkompetenz von schizoid Strukturierten, Zugang zur eigenen Gefühlswelt zu finden. Nie sollte man erwarten, dass der andere doch einfach nur ein bisschen über sein emotionales Innenleben reflektieren müsse, um es bewusst zu machen. Ein Satz wie „Franz, jetzt sag mir doch mal, was mit dir los ist!" führt daher selten zum Erfolg.

Umgang mit dem schizoiden Chef

Ein fruchtbares Zusammenleben mit einem derart strukturierten Vorgesetzten ist in der Regel recht einfach zu bewerkstelligen. Zunächst sollte man prinzipiell im Hinterkopf behalten, dass soziale Kompetenz als solche nicht zu seinen Schlüsselqualifikationen gehört. Aber das ist *sein* Problem. Niemals sollten Sie es daher persönlich nehmen, wenn der andere Sie beleidigt oder sonstwie vor den Kopf stößt. Etwa so: „Sagen Sie mal, Frau Drall, Sie haben im Urlaub aber ganz schön zugenommen." So ein Spruch hat gewöhnlich nichts mit negativen Gefühlen Ihnen gegenüber zu tun, sondern basiert einfach auf seiner fundamentalen Unkenntnis der formalen Regeln des zwischenmenschlichen Miteinanders (König 2005, 107 ff.). So was muss an Ihnen abperlen. Das ist Übungssache! Eine gute Gedanken-Formel für solche Momente ist beispielsweise „Ach, weißt du, deine Frau tut mit leid!"

Schizoide Chefs erwarten sehr ausgeprägte fachliche Kompetenzen von ihren Mitarbeitern. Denn Reflexionsfähigkeit und abstraktes Denken sind schizoide Stärken. Einige Tipps: Konzentrieren Sie sich auf die Arbeitsprozesse, für die Sie verantwortlich sind. Funktionieren Sie! Humor, Freundlichkeiten und Gefühlsausbrüche haben in einer Abteilung, die von einem entsprechenden Chef geleitet wird, wenig zu suchen.

Ich arbeitete einmal während meiner Zivildienstzeit in einem Klinikum unter einem schizoid strukturierten Vorgesetzten. Er erzählte mir bereits in der ersten Woche, während der Frühstückspausen, von einem neuen Röntgengerät, das Ende des Jahres auf den Markt kommen sollte. Ich kannte den Typen gar nicht. Das schien ihn nicht zu stören. Er erklärte mir das Teil von A bis Z. Es interessierte mich nicht die Spur. Von dem Fachjargon, den er mir entgegen schleuderte, verstand ich auch nichts. Ich mühte mich redlich, körpersprachlich abwehrend zu wirken. Es half nichts.

Zusammenfassung/Tipps

- Schizoid strukturierte Chefs sind meist nicht besonders geschickt in Bezug auf Personalführung.
- Es findet so gut wie kein emotionaler Ausdruck im Berufsalltag statt, einzig und allein Fachlichkeit und Sachlichkeit zählen.
- Am besten passt man sich dem intellektuellen Gesprächsstil an und fachsimpelt. Mehr geht nicht.

Umgang mit schizoiden Arbeitskollegen

Solche Mitarbeiter im Team sind, wer hätte es gedacht, die Eisberge der Abteilung. Ein emotionaler, herzlicher Umgang verstört sie. Freundlichkeit und Kumpanei werden abgewehrt. Daher ist es zweifellos das Dümmste, was man gegenüber Betreffenden tun kann: ihm/ihr zu nahe kommen, herzhaft auf die Schulter klopfen, ihn/sie zu Hause wegen einer Angelegenheit anrufen, ihn/sie duzen. Das Streben nach Distanz muss akzeptiert werden. E-Mail-Kontakt ist daher dem persönlichen vorzuziehen. Konversationen sollten nur dann ins Private übergleiten, wenn der andere das will bzw. wenn er einmal kurzzeitig die Beziehungsebene anzapft. Ansonsten aber bleiben Sie lieber auf der sicheren Seite.

Die Kommunikation sollte auf der Sachebene ablaufen. Es zählen also nur Fakten. Genauer gesagt: *Fakten, Fakten, Fakten – und nicht an das Innenleben des Gegenübers denken.* Wundern Sie sich nicht, wenn er Komplimente, die Sie ihm gegenüber aussprechen, ignoriert. Er weiß damit nicht viel anzufangen. Es gilt weiter das Sprichwort: Reden ist Silber, Schweigen ist Gold.

Falls Sie doch einen näheren Kontakt zu Ihrem Arbeitskollegen suchen, dürfen Sie testweise charakteristische Unternehmungen vorschlagen, etwa: Angeln, Wandern, Schach usw. Möglicherweise kommen Sie beide sich dadurch näher.

Zusammenfassung/Tipps

- Bleiben Sie eher auf Distanz und verstören Sie Ihren Kollegen nicht durch Herzlichkeit ihm gegenüber.
- Nehmen Sie seine verbalen Entgleisungen in Alltagssituationen nicht ernst. Soziale Kompetenz hat er kaum.
- Warten Sie lieber, bis er auf Sie zukommt.

Umgang mit schizoiden Kunden

Ähnliche Tipps ergeben sich auch bezüglich des Umgangs mit Kunden, die entsprechend strukturiert sind. Es gilt demnach: Emotionen sehr sparsam einsetzen! Mimik und Gestik sollten Zurückhaltung und Beherrschung signalisieren. Halten Sie sich lieber etwas bedeckt und rücken Sie dem anderen nicht auf die Pelle!

Es kann sein, dass während der Beratung Gesprächspausen entstehen. Dies ist dann lediglich ein Hinweis darauf, dass Ihr Gegenüber Ihre Präsentation auf sich wirken lässt. Geben Sie in solchen Situationen nicht vorschnell dem Impuls nach, etwas zu sagen oder zu fragen. Weniger ist mehr. Wenden Sie einfach den Blick ab und zählen Sie innerlich langsam bis fünf. Dann geht es auch meistens schon weiter.

Ähnlich wie auch beim Umgang mit Zwanghaften, müssen Sie fachlich *up to date* sein – oder zumindest den Eindruck vermitteln, Sie wüssten so gut wie alles. Detailwissen ist sehr gefragt. Meistens ist der Kunde ebenfalls Experte auf Ihrem Gebiet, vor allem wenn es sich um technische Geräte handelt.

Zusammenfassung/Tipps

- Vermitteln Sie dem anderen, dass Sie bezüglich des jeweiligen Produkts Ihre Hausaufgaben gemacht haben.
- Nie den Kunden durch emotionale Ausbrüche verunsichern.
- Besser keine Witze reißen.

Umgang mit schizoiden Eltern

Um die Gefühlswelt von schizoiden Eltern ist es, wie man aus den bisherigen Ausführungen schließen kann, meist recht dürftig bestellt. Wahrscheinlich haben Kinder solcher Erzieher damit zu kämpfen, dass sie einseitig gefördert werden, nämlich *rational*. Wer in einem solchen gefühlsarmen und somit potenziell schizoidisierenden Umfeld groß wird, kann sehr leicht selbst gefühlsarm und blutleer werden. Meistens fehlt auch die Vermittlung von Urvertrauen (Bindung), Spontaneität und Lebensfreude. Haustiere, die zum Aufbau von Empathie beitragen können, sind in solchen Haushalten sehr selten vorzufinden.

Diese ungünstigen Voraussetzungen führen, wie die neurowissenschaftliche Forschung unlängst herausgefunden hat, meistens zu einer gestörten Entwicklung der sogenannten Spiegelnervenzellen (-neuronen) im Gehirn. Spiegelneuronen sind nichts anderes als *die Grundlage der Empathie*, des Mitgefühls und der Intuition (Goleman 2007). Solche Neuronen lassen aus dem „Ich" und „Du" ein „Wir" werden. Ein Beispiel: Wenn ein kleiner Junge freudestrahlend auf seine geliebte Mutter zuläuft, die ihn gerade vom Kindergarten abholt, passiert es oft, dass sie emotional von ihm angesteckt wird und seinen Gesichtsausdruck unbewusst nachahmt. In diesem Moment fühlen beide das Gleiche: Herzlichkeit und Zuneigung. Ohne Spiegelneuronen-Aktivität ist diesbezüglich kaum eine Reaktion zu bemerken.

Mit schizoiden Strukturen im sozialen Umfeld ist der Aufbau von sozialen Kompetenzen wahrlich schwer zu bewerkstelligen. Die Idee, die betreffenden Betreuungspersonen mit diesem Thema zu konfrontieren, dürfte in der Praxis nicht viel bewirken. Die betreuten Kinder können nur Ihre eigenen Dinge regeln, sprich bei Bedarf die eigene Gefühlswelt kennenlernen, sollten sie schizoide Züge aufweisen.

Zusammenfassung/Tipps

- Schizoide Eltern können aufgrund ihrer Persönlichkeitsstruktur bei ihren Kindern keine oder wenig emotionale Entwicklung anregen (es sei denn, der Heranwachsende entwickelt aus Protest den charakterlichen Gegenpol aus).
- Unternehmungen und familiäre Rituale sind selten.

Umgang mit dem schizoiden Partner

Wenn Ihr Partner schizoid gepolt ist, können Sie einige Vorstöße wagen, um ihn zu emotionalisieren. Bis dato haben Sie eventuell oft das Gefühl gehabt, mit einem Eisberg verheiratet zu sein. Und vielleicht haben Sie ihn oft mit Ihrem Unmut konfrontiert: „Sag' doch einmal, nur *einmal*, was du fühlst! Verdammt noch mal!" Dass solche Aufforderungen zu nichts führen, ist Ihnen mittlerweile wahrscheinlich klar geworden. Schließlich hat es Jahre gebraucht, bis er so wurde.

Ein guter Mix aus Anpassung und Konfrontation will durchdacht sein. Zunächst darf Frau – ich richte mich aus statistischen Gründen im Folgenden an die weibliche Leserin – nicht gleich an die Decke gehen, wenn er direkt nach Feierabend erst einmal in den Keller geht, um seine Modell-Eisenbahn in Betrieb zu nehmen, während Sie vielleicht über das reden möchten, was Sie den Tag über beschäftigt hat. Vielleicht hat Ihr Sohn eine schlechte Note in Mathe nach Hause gebracht o.Ä. Aber langsam! So schnell schießen die Preußen bekanntlich nicht. Er braucht eine Auszeit. Und das ist gut. Schulz von Thun sagte einmal entsprechend: „So manches Entfernen ist ein Anlaufnehmen." Was so viel bedeutet wie: Ihr Partner hat ebenfalls Nähe-Bedürfnisse – nur sind diese zumeist angstbesetzt; aber er wird in guter Tagesform wieder auf Sie zukommen. Die üblichen Fluchttendenzen dürfen Sie nicht persönlich nehmen.

Weil schizoide Persönlichkeiten zu rational gestimmt sind, können Sie ihm einmal das Spiel „Sprich per Ich" schmackhaft machen. So lautet das Angebot: Wenn er, sagen wir, fünfmal am

Tag Aussagen beginnt mit: „Ich brauche/finde/denke/fühle o. Ä.", bekommt er einen Gutschein. Der Wert des Gutscheins: 5 Punkte. Schafft er bis zum Ende des Monats 50 Punkte, bekommt er etwas von Ihnen, das er sehr mag. Was das ist, müssen Sie vorher gemeinsam beschließen. Durch dieses Vorgehen kommt er eventuell an seine Gefühlswelt heran.

Zwiegespräche sind auch relevant. Animieren Sie den anderen dazu. Nach solchen Momenten der Nähe müssen Sie ihm aber erst einmal wieder mehr Leine lassen. Langsam aber sicher kann diese Methode einem Schema wie „Nähe ist bedrohlich" den Nährboden entziehen. Sie können den entstehenden Abstand, den der andere wahrscheinlich dann beansprucht, übrigens nutzen, um an Ihrer Persönlichkeit zu arbeiten. Abrupte Kontaktabbrüche gar, die möglicherweise nicht ausbleiben, dürfen Sie nicht auf die Goldwaage legen (er meint es nicht persönlich).

Zusammenfassung/Tipps

- Verurteilen Sie Ihren Partner nicht wegen seiner Elfenbeinturm-Mentalität oder seiner Inkompetenz, über Gefühle zu reden. Dies sind Folgen seiner langjährigen Flucht ins Innere.
- Nicht zu viele Aktivitäten wie „Lass uns mal darüber reden" oder „Aktives Zuhören" anstoßen. Bei überdurchschnittlich häufigen Versuchen wird er für längere Zeit nicht mehr ansprechbar sein.
- Sie müssen ihm vermitteln: „Wenn du mir nahe bist, hat das keine negativen Konsequenzen für dich, außerdem lasse ich dir anschließend gerne den Raum, den du brauchst."
- Wenn Ihr Partner alleine ist, dann heißt das nicht, dass es ihm schlecht geht (er ist dann in seinem Element).

Paranoide Persönlichkeiten

Die Anliegen von paranoiden Menschen sind:
- Verteidigung der eigenen Grenzen,
- Selbstschutz im Allgemeinen,
- Solidarität.

Allgemeine Empfehlungen

Wie oben bereits erwähnt, haben solche Menschen früher wahrscheinlich extreme Grenzverletzungen erlitten. Eine Reaktion hierauf kann radikale Wachsamkeit im Erwachsenenalter sein. Das ist verständlich. Darüber hinaus, und das ist ein Problem für die Umwelt, nehmen Betroffene stets an, andere würden ihnen schaden wollen. Grund: Man kennt es ja nicht anders.

Diese Charaktere verlangen einem sehr viel ab, obwohl man gar nicht zu den ursprünglichen Aggressoren gehört! Man muss sich nicht nur ein dickes Fell zulegen und die Samthandschuhe anziehen, d.h. ausgiebig das Prinzip Anpassung praktizieren, sondern auch mal selbstbewusst klarmachen, dass sie wirklich nichts gegen Mrs. oder Mr. Paranoia aushecken.

Dummerweise ist die Tendenz, anderen permanent zu misstrauen, fest in der Psyche des Betreffenden verankert. Dennoch gibt es Strategien, wie man die Verhältnisse positiv prägen kann.

Umgang mit dem paranoiden Chef

Gewiss anstrengend und ermüdend ist der Umgang mit einem betreffenden Vorgesetzten. Zum einen ist sein Benehmen meistens eher von der unerfreulichen, kühlen, manchmal auch von der cholerischen Art; zum anderen werden Sie auch von Zeit zu Zeit des Verrats verdächtigt. Die Variationen dahingehend sind Legion, etwa: „Herr Unterschlager, Sie verheimlichen mir irgendwas!", oder: „Frau Heimlichtuerin, hier stimmt was nicht!" So was lässt sich nicht verhindern.

Wenn er beispielsweise an einer von Ihnen einberufenen Teamsitzung nicht teilnehmen kann, ist das möglicherweise schon ein Affront. Dann hören Sie solche paranoiden Wahrnehmungsverzerrungen: „Hintenrum wird über mich geredet, wenn ich nicht da bin. Das weiß ich!", „Man sägt an meinem Stuhl!" o. Ä. Ein paranoider Chef nervt gelegentlich die anderen dermaßen mit seinen Verdächtigungen und Unterstellungen, dass so manche Belegschaft irgendwann in Erwägung zieht, ihn nicht mehr zu Betriebsfeiern oder zu sonstigen Freizeitaktivitäten einzuladen. Dadurch verschlechtert sich aber die Beziehung, denn er reagiert erwartungsgemäß: „Ich *wusste es*, die hecken was aus, sonst würde ich ja eingeladen werden."

Als ersten Tipp dürfen Sie berücksichtigen: Es darf für ihn *niemals* der Eindruck entstehen, Sie seien nicht auf seiner Seite. Loyal können Sie prinzipiell erscheinen, sobald Sie schon mal nicht an den unvermeidlichen Büro-Lästereien teilnehmen. Außerdem sollte Ihr Vorgesetzter darüber im Bilde sein, was Sie die Woche über so tun. Alltägliche authentische Kommunikation kann daher sehr wichtig sein. Sie dürfen nie ohne Absprache mit ihm auf eigene Faust Projekte organisieren, das würde ihn sofort stutzig machen.

Trotz aller Vorsichtsmaßnahmen werden Sie aber aller Wahrscheinlichkeit nach irgendwann einmal ins Fadenkreuz seiner paranoiden Fantasien geraten. Dann gilt es ruhig zu bleiben und sachlich die verworrenen Wahrnehmungsstörungen des anderen aufzudröseln, mit Geduld. Stellen Sie sich einfach vor, Sie müssten einem Kleinkind die Welt erklären! Nie dürfen Sie in einer solchen Sackgasse die Fassung verlieren! Üben Sie sich lieber in Toleranz, denn, wie Sie ja wissen, inszeniert Ihr Vorgesetzter lediglich eine ihm vertraute Konstellation aus seiner Vergangenheit – nur eben mit vertauschten Rollen. Er ist heute der Täter, Sie – stellvertretend für ihn – das Opfer. Er meint Sie also gar nicht direkt, und das Ganze ist oft nur an den Haaren herbeigezogen.

Wenn der Druck aber zu groß wird, etwa weil er Sie permanent auf dem Kieker hat, dann ist der Gedanke, sich einen anderen Job zu suchen, gewiss nicht völlig verkehrt. Oder Sie schalten den Betriebsrat ein.

Zusammenfassung/Tipps

- Paranoide Chefs vertrauen so gut wie niemandem.
- Man muss sie mit Samthandschuhen anfassen.
- Nie hinten rum über sie lästern.
- Die eigenen Tätigkeiten in der Firma sollten von Zeit zu Zeit transparent gemacht werden.
- Keine geheimen Absprachen mit den Kollegen treffen!

Umgang mit paranoiden Arbeitskollegen

Mit entsprechenden Mitarbeitern sollte man ähnlich umgehen. Und auch hier gilt: Nehmen Sie Anfeindungen nicht persönlich, die anderen Gruppenmitglieder in der Abteilung bekommen wahrscheinlich ebenso ihr Fett weg wie Sie.

Wenn man noch neu im Team ist, verbietet es sich von selbst, gleich am ersten Tag selbstbewusst und offenherzig auf den anderen zuzugehen und ihm die ausgestreckte Hand hinzuhalten. Tut man es dennoch, fängt man sich nur eine Abfuhr ein. Und bekanntlich tut jeder Korb weh (Damm 2006a).

Besser ist es, vorerst auf jeglichen kameradschaftlichen Kontakt zu verzichten. Nutzen Sie lieber die Tatsache aus, dass Sie mit ihm in einer Abteilung arbeiten – indem Sie Beziehungskredit aufbauen. Die Arbeitsumgebung liefert massenhaft *Gesprächsanlässe*. Vorerst können Sie also auf der Sachebene allerhand Arbeitsprozesse fachlich mit ihm besprechen, aber zu Beginn stets in geringer Dosierung. Denken Sie daran: paranoide Menschen vermeiden um jeden Preis intimen Kontakt zu Fremden. Daher müssen Sie sich unbedingt schrittweise annähern. Private Dinge des anderen zu erfragen ist vorerst tabu, denn oft folgt auf solche unüberlegten Vorstöße: „Das geht Sie gar nichts an!" Auch aus dem eigenen Näh-kästchen sollte man zunächst wenig bis nichts hervorzaubern.

Derartige Bemühungen werden nicht umsonst sein. Sollten Sie trotz seiner Stacheligkeit bei der Stange bleiben, kann näherer Kontakt zustande kommen – wenn er es will. Erwarten Sie aber nicht zu viel.

Niemals dürfen Sie mit denjenigen Kunden anbändeln, die er normalerweise betreut. Findet er es heraus, heißt es: durchgefallen! „Ich wusste es, du hast nur mit mir geredet, um mir die Kunden auszuspannen!"

Lassen Sie sich durch kleine oder größere Misserfolge nicht entmutigen. Er wird Ihre Neutralität irgendwann zu schätzen wissen.

Zusammenfassung/Tipps

- ■ Bleiben Sie auf der richtigen Distanz.
- ■ Beteiligen Sie sich nicht an Lästereien über ihn; wenn er es herausbekommt, sind Sie für alle Zeiten unten durch.
- ■ Kommunizieren Sie regelmäßig offen und ehrlich mit ihm.

Umgang mit dem paranoiden Kunden

Vor allem bei Verkaufsgesprächen ist es wichtig, die persönlichen Grenzen des Paranoikers zu respektieren. Genauer gesagt, man sollte immer auf der fachlichen Ebene bleiben und keine persönlichen Angelegenheiten thematisieren. Auch wenn der Kunde von „seinen" Angelegenheiten erzählt, ist Zurückhaltung angesagt. Denn schon ein leichtfertiges Statement kann umgehend eine Kettenreaktion auslösen. „Sind Sie von der Kripo, oder was!?"

Auf eine Besonderheit muss noch hingewiesen werden. Manchmal *erwarten* paranoid strukturierte Kunden regelrecht eine unfreundliche Beratung, um Ihre Schemata bestätigt zu sehen (etwa: „Alle sind gegen mich!"). In der Wahrnehmung des Betreffenden wurde er schon oft „veräppelt". Wie oben bereits erwähnt, inszenieren schwierige Menschen aus einem Wiederholungszwang heraus schmerzhafte Erfahrungen von früher. Die damaligen Verhältnisse sind in der Psyche tief eingegraben. Es kann folglich vorkommen, dass man Sie trotz intensiver Bemühung um eine freundliche Atmosphäre plötzlich anraunzt mit: „Ich wurde schon so oft von Verkäufern verarscht! Sie scheinen mir auch einer von dieser Sorte zu sein! Sie sehen ganz so aus!" Solche Phrasen müssen dann auf der Sachebene abgehandelt werden. Denken Sie daran: *Sie* sind nicht als Person gemeint. Weisen Sie lieber freundlich und ganz ruhig auf Ihren Arbeitskodex hin: „Das würde mich auch sauer machen, absolut. Aber sehen Sie, ich arbeite jetzt seit geraumer Zeit hier und hatte noch keine Beschwerden. Aber ich verstehe Sie!"

Drängen Sie Ihr Gegenüber nie vorschnell zum Verkaufsabschluss, das kann alles zunichtemachen: „Aha, wieso denn jetzt so schnell auf einmal, hm?" Es gilt das Prinzip „Weniger ist mehr".

Zusammenfassung/Tipps

- Wahren Sie ausreichend Distanz zum Kunden.
- Nie durch aggressives Auftreten aus der Ruhe bringen lassen, es gilt ja nicht Ihnen als Person.
- Halten Sie sich an die fundierte Darstellung des Produkts.
- Blickkontakt gilt es zu dosieren.

Umgang mit paranoiden Eltern

Wer in einer paranoiden Familie groß wird, bekommt oft den Eindruck vermittelt, die Welt „da draußen" bestünde nur aus Freunden und Feinden, – beschönigen wir nichts: meistens aus Feinden. Solche Erzieher erzählen tagaus, tagein von zahllosen Situationen, in denen ihnen übel mitgespielt wurde. Und dabei wollen sie doch *nie* Ärger! Vater etwa hat neulich an der Kasse im Supermarkt viel zu lange warten müssen, weil die Verkäuferin ihn nicht ausstehen kann; Mutter musste gestern zweimal beim Arzt anrufen, um endlich einen Termin zu bekommen – die Sekretärin kann sie nicht leiden. Ständig wird man benachteiligt, man muss sehen, wo man bleibt in dieser „kalten Welt".

Solidarität in den eigenen vier Wänden wird wegen der wahrgenommenen Gefahren von außen hoch gehandelt. Betreffende Eltern wollen sehen, dass die Kinder zu ihnen stehen. Es gilt der Wahlspruch: „Wer nicht für uns ist, ist gegen uns." Daher brauchen Paranoiker auch lautstarken Beifall und Zustimmung, wenn man einem „Feind" mal wieder einen „reingewürgt" hat:

„Ich hatte doch Recht damit, dass ich unsere lahmarschige Sekretärin bei ihrem Chef verpfiffen habe, das siehst du doch genauso!" *Direkter Blick in die Augen*: „Stimmt's?!"

Oft herrschen auch verschiedene Ideologien in entsprechenden Familien vor. Sie resultieren aus den Projektionen der innerpsychischen Konflikte der Betreffenden. Wir erinnern uns: Paranoide Persönlichkeiten haben häufig Ablehnung vonseiten der Bezugspersonen erfahren. Dieses Thema wird zwecks Verdrängung nach außen verlagert und dort unter umgekehrten Vorzeichen „bearbeitet". „So jetzt sind wir mal die Täter!" – heißt das entsprechende Motto. Diese unbewussten Projektionen ermöglichen gleichzeitig, dass die gesamte Familie einen solidarischen Schulterschluss vollzieht.

Betroffene Kinder machen oft die Erfahrung, dass die Verbalisierung ihrer eigenen Gedanken, die manchmal im Widerspruch zu denen der Eltern stehen, sehr nachteilige Reaktionen nach sich ziehen. Daher identifizieren sich viele Heranwachsende mit ihren Erziehern und übernehmen infolgedessen aber auch dummerweise massenhaft negative Vorurteile gegen andere Personengruppen – was leider zur Verstärkung von eigenen paranoiden Eigenarten beiträgt.

Wer solche Eltern hat, ist gut damit beraten, dass er irgendwann den Auszug schafft und die Welt objektiver kennenlernt. Ich würde davon abraten, die Eltern mit ihren paranoiden Eigenarten zu konfrontieren.

Zusammenfassung/Tipps

- Paranoid strukturierte Erzieher legen sehr großen Wert darauf, dass die Familie an einem Strang zieht.
- Es herrscht das Prinzip „Wer nicht für uns ist, ist gegen uns".
- Es gibt viele Sündenböcke außerhalb der eigenen vier Wände.
- Passen Sie sich lieber den Verhältnissen an und gehen Sie innerlich auf Abstand.

Umgang mit dem paranoiden Partner

Wenn Ihre bessere Hälfte stark ausgeprägte paranoide Züge hat, brauchen Sie Toleranz, Gelassenheit und Sitzfleisch, sprich viel Geduld. Denn insbesondere in einer Zweierbeziehung kommen die stacheligen paranoiden Symptome voll zum Tragen.

Vor allem die Eifersucht nervt. – Der andere vermutet fortwährend, dass man ihn anlügt, betrügt, hintergeht usw. Gewöhnlich hilft es auch nicht viel, ihn zu beschwichtigen oder ihn von der Wahrheit überzeugen zu wollen. Man könnte tatsächlich annehmen: Ohne potenzielle Untreue würde dem Paranoiker etwas in der Partnerschaft fehlen (Damm 2006b).

Leider ist dieser Gedanke nach kurzer Reflexion gar nicht so abwegig. Wie wir gesehen haben, erwarten Betreffende oft, dass das Umfeld sie auf irgendeine Art und Weise schädigt (Stichwort: Wiederholungszwang). Was läge also – in Augen des paranoiden Partners – näher als ein Treuebruch.

So mancher Partnerschaftsalltag, der unter einem „paranoiden Stern" steht, handelt nur von Affären, Seitensprüngen, Verletzungen usw. Beide leiden natürlich unter einer solchen Konstellation. Einerseits der Täter, dem sein „Kopfkino der Untreue" schwer zusetzt, andererseits das Opfer; es kann keine 20 Minuten alleine verbringen, ohne dass sich der andere erkundigt: „Wo bist du?"

Entsprechende Opfer sollten sich prinzipiell in Erinnerung rufen, was schon zigmal gesagt wurde: Sie sind nicht als Person gemeint. Der andere sieht in Ihnen nur die Kopie eines Menschen, der in seiner Wahrnehmung früher einmal großen Schaden angerichtet hat.

Man muss wie immer zweigleisig fahren, sollte man die Dinge zum Guten ändern wollen. Zum einen sollte dauerhaft vermittelt werden, dass man den anderen liebt, denn daran zweifelt er ja insgeheim am meisten. – Zum anderen geht es aber nicht ohne die Spiegelung seines Verhaltens; in schweren Fällen von Paranoia haben die Partner nämlich gar nichts mehr zu lachen.

Nun einige konkrete Tipps: Bleiben Sie ruhig und sachlich, wenn er seine „Anfälle" hat und Ihnen voller Inbrunst Dinge unterstellt, die absolut absurd sind. Erklären Sie in ruhigem Ton Ihre Sicht der Dinge. Nicht ausflippen! Dies wird wahrscheinlich neu für ihn sein, da er solche Situationen mit anderen „Untreuen" früher viel dramatischer erlebt haben dürfte.

Hören Sie lieber aktiv zu und versuchen Sie, seine tiefer liegenden Bedürfnisse oder Erwartungen zu ergründen. Wie wäre es mit: „Dich nervt es total, wenn ich mich auf Partys mit anderen unterhalte." Solche Türöffner können ihm helfen, näher zu sich zu kommen. Stellen Sie auch Fragen, die den Partner dazu animieren, einen Perspektivenwechsel zu vollziehen: „Was muss ich denn tun, damit du heute Abend nicht eifersüchtig wirst?" – Manchmal geben solche Fragen dem gesunden Menschenverstand wieder mehr Wasser auf die Mühlen.

In Zwiegesprächen, die ebenfalls berücksichtigt werden dürfen, können Sie herausfinden, ob die Eifersuchts-Thematik beim Anderen Tradition hat. Vielleicht kommt er ja zur Erkenntnis: „Meine erste Freundin hat mich betrogen, seitdem bin ich halt so." Auf diese und ähnliche Aussagen können Sie dann entsprechend reagieren: „Das wäre ich wahrscheinlich auch, wenn mir das passiert wäre. Aber: Ich bin ich! Und ich liebe dich, vertraue mir bitte mehr! Lass uns konkrete Kompromisse schließen!"

Sollte sich nichts tun, empfehle ich dringend eine Paartherapie. Mit (männlicher) Eifersucht ist bekanntlich nicht zu spaßen.

Zusammenfassung/Tipps

- Paranoid strukturierte Partner unterstellen ihrer Partnerin oft, untreu zu sein.
- Opfer sollten plausibel machen, dass sie den anderen lieben, Sie dürfen sich aber auch nicht vollends verbiegen lassen – die Eifersucht bleibt in solchen Fällen trotzdem erhalten.
- Vermeiden Sie Kritik am anderen; sprechen Sie lieber von eigenen Gefühlen (per Ich).
- Bedenken Sie: Solche Partner sind sehr nachtragend!

Resümee und Ausblicke

Alle psychotherapeutischen Schulen und alle ihre Vertreter stimmen darin überein, dass die Psychotherapien bei schwierigen Persönlichkeiten oft langwierig und kompliziert sind.

– *F. Lelord & C. André*

Den meisten Menschen ist vermutlich nicht bewusst, wie sie auf andere wirken, geschweige denn wie kompliziert, ambivalent und vielschichtig sie sind. Schwierige Persönlichkeiten, die wir hier kennengelernt haben, weisen darüber hinaus die Besonderheit auf, dass sie *extrem* kompliziert, ambivalent und vielschichtig sind, und zwar jeweils auf ihre eigene Weise. Hier stellt sich dem gesunden Menschenverstand die Frage: Kann man jemanden dafür verantwortlich machen, dass er mittels infantiler Schemata und irrationaler Verhaltensmuster sein Umfeld permanent nervt? Unsere Antwort kann nur lauten: Nein! Er ist halt durch spezifische Erfahrungen so nervtötend geworden. Das lässt sich nicht so einfach abschütteln. Das ist eine psychologische Binsenweisheit.

Vor- und Nachteile des „Psychoblicks"

Nach statistischen Schätzungen ist ungefähr jeder vierte Mensch, den Sie im Alltag treffen, mit solchen psychischen Strukturen belastet, wie sie hier beschrieben wurden, das heißt, sie haben einen Charakter mit einer entsprechenden Persönlichkeitsstörung (Fiedler 2001) und wirken auf ihre Umwelt entsprechend nervig. An dieser Stelle sei nochmals betont, dass die Abstufungen sehr fließend sind, und dass hier jeweils die sehr ausgeprägte Variante dargestellt wurde. Personen mit schwierigen Charakterstrukturen kommen also auch in milderen Erscheinungsformen vor.

Was hilft es dem Leser nun, dass er sich in der Pathologie schwieriger Menschen besser auskennt? Dieses Wissen ist zweischneidig, weil es Ihre Alltagswahrnehmung zukünftig beeinflusst. Es wird nämlich jetzt so sein, dass Sie Ihre Mitmenschen oft gedanklich mit den hier behandelten Begriffen in Verbindung bringen werden. Manch einer identifiziert den Chef nunmehr als Narzissten, die Schwiegermutter als zwanghaft oder auch den langjährigen Squash-Partner als phallisch-narzisstisch. Dies bringt Vor-, aber auch Nachteile mit sich.

Ein Vorzug ist beispielsweise, dass Sie bei richtiger Einschätzung im rechten Moment gezielt und kompetent die zwischenmenschliche Beziehung zu dem Betreffenden positiv beeinflussen können, und zwar mittels des Prinzips Anpassung. Das ist gut. Oft ist es gar nicht so schwer, auch bei solchen Menschen eine Atmosphäre der Sympathie herzustellen. Dies passiert gewöhnlich dann, wenn man die Grundbedürfnisse, die gerade beim Gegenüber im Vordergrund stehen, berücksichtigen kann.

Die Kehrseite der Medaille: Es kann zur Manie werden, die anderen stets durch die „Na-wie-geht's-uns-denn-heute?"-Psychobrille zu sehen. Das kann zur Folge haben, dass man in den Augen anderer „komisch" wird. Eine weitere Gefahr: Wer die Mitmenschen nunmehr schnell in Kategorien presst, d.h. reduktionistisch vorgeht, läuft selbst Gefahr, schwierig zu werden. Gerade deshalb, weil man die positiven Aspekte des jeweiligen Stils als neurotisch definiert – was sie ja nicht sind. Jeder Charakter hat auch seine Vorteile!

Es sollte *nie* der Eindruck entstehen, Menschen offenbarten *nur* extreme Ausprägungen einer bestimmten Struktur. Dem ist nicht so. Jeder verkörpert (in einem bestimmten Verhältnis) alle hier beschriebenen Stile (und mehr). Sicherlich steht auch mal ein einziger kratzbürstiger Stil temporär im Vordergrund. (Bei mir verhält es sich natürlich auch so. Man sagt mir manchmal narzisstische und zwanghafte Stimmungen nach.)

Machen Sie anstrengenden Menschen Persönlichkeits-entwicklung schmackhaft

Ernstzunehmende Charaktere gestehen sich ein Leben lang bereitwillig Fehler und Lücken in Bezug auf ihre Menschenkenntnis ein. Denn sie wissen und respektieren, dass wir alle, mehr oder weniger unbewusst, Wahrnehmungsfehler in den Alltag hineintragen und dadurch zwischenmenschliche Beziehungen verkomplizieren. Das ist keine unreflektierte Schwarzmalerei, sondern wird durch die aktuelle neurowissenschaftliche (Roth 2007) und sozialpsychologische Forschung (Wilson 2007) bestätigt. Die irrationale Veranlagung im Menschen wird uns wahrlich noch vor zahllose Aufgaben stellen.

Machen wir uns daher ein Wort von Josef Rattner (1999, 66) zu eigen, der darauf hinweist, dass Menschenkenntnis eine sehr hohe Kunst ist: „Der Menschenkenner sollte sich unter den Menschen bewegen wie ein Kunstliebhaber in einer Sammlung bedeutender Gemälde, Plastiken usw. Mit dem Blick eines *gefühlsmäßig Ergriffenen* wird er, nach langer und geduldiger Bemühung, lernen zu *begreifen.*"

Schwierig strukturierte Menschen nehmen sich selbst und die anderen völlig irrational und infantil wahr. Der Betreffende dreht sich gewöhnlich ein Leben lang im Kreis. Ganz selten schaffen es schwierige Menschen, aus ihrem eigenen „Persönlichkeits-Labyrinth" herauszufinden. Als Leser bzw. Leserin dieses Buches kennen Sie mittlerweile geschickte Vorgehensweisen, die hierbei sinnvoll sind. Mittels einer gesunden Mischung aus Anpassung an die Bedürfnisebene und Konfrontation mit den Folgen erweitern Sie die enge Sichtweise von komplizierten Charakteren.

Gegenseitiges Verstehen, ein menschliches Grundbedürfnis übrigens, ist mithilfe der richtigen Einstellung möglich. Warum? Es ist nicht nur unmöglich, *nicht* zu kommunizieren (Paul Watzlawick), sondern auch gänzlich ausgeschlossen, dass ein komplexer Mensch *immer* nervt, zu jeder Zeit. Es werden stets Momente kommen, in denen fruchtbare Gespräche mit allen möglichen schwierigen Menschen geführt werden können. Denken Sie an das Gesetz der Wahrscheinlichkeit. Auch komplizierte Gesinnungen sind irgendwann mal motiviert, zwischenmenschliche, herzliche Begegnung zu erfahren. Daher darf man nie in die Rolle des trotzigen Kindes fallen und die Dinge im Argen liegen lassen.

Man sollte also niemals überheblich werden und denken: Ach ja, hm, durch die Lektüre von Fachpublikationen bin ich natürlich *nicht ganz so stachelig wie die anderen.* Dazu kann ich nur sagen: *Jeder ist auf seine Weise auch kratzbürstig. Jeder hat seine Ängste, Ambivalenzen und unbewussten Schattenseiten, mit denen er seine Umwelt nervt.* Gerade deshalb ist der Umgang mit schwierigen Charakteren förderlich – weil bei jeder Begegnung auch ein Erfahrungsgewinn verbucht wird. Zudem sind komplexe Charaktere nur die Spiegel unserer eigenen Persönlichkeit. Verstehen wir die anderen, verstehen wir uns selbst! Und das heißt: Wer anderen hilft, hilft dadurch auch sich selbst.

Daher sagt auch v. Xylander (1958/1972, 125): „Der Umgang mit schwierigen Menschen und der Umgang mit dem eigenen problematischen Ich stehen in einer engen und notwendigen Wechselbeziehung. Man kann keine dieser beiden Künste lernen, ohne zugleich auch die andere zu üben."

Ein dickes Fell wachsen lassen und bei der Stange bleiben

Wir haben außerdem gesehen, dass schwierige Menschen die soziale Umwelt in ihr negatives Lebensskript zwängen wollen. Sie animieren in manipulativer Weise ihr Gegenüber dazu, ihre entsprechenden unsympathischen Spiele mitzuspielen. Die irrationale Motivation liegt darin, das eigene Weltbild aufrechtzuerhalten. Dass Betreffende dadurch hohe emotionale Kosten verursachen, ist ihnen nicht bewusst. Die Umwelt wird immer wieder das „alte Lied" hören.

Sie wissen jetzt, wie man am besten vorgeht, haben sich pädagogisches Rüstzeug zugelegt. Trotzdem brauchen Sie, und das wird Sie nicht mehr überraschen, viel Geduld, denn Rückschläge werden nicht ausbleiben. Zu tief sind schwierige Persönlichkeitszüge eingeprägt.

Stellen wir uns folgende Situation vor: Sie unterhalten sich, nachdem Sie dieses Buch gelesen haben, mit einem schwierigen Menschen aus dem vorgestellten Spektrum (z.B. paranoide Struktur), der Ihnen *sehr* wichtig ist. Das Gespräch verläuft wie andere vorher sehr erfreulich. Sie spielen wie immer ein paar paranoide Spiele mit und verteilen akzentuiert Streicheleinheiten. Die Stimmung ist harmonisch, auf der Beziehungsebene funkt es. Es ist anscheinend genug Kredit vorhanden. Jetzt kommt der Moment, auf den Sie so lange gewartet haben. Sie entscheiden sich dazu, dem anderen zu erklären, wieso er vielleicht so übersensibel und misstrauisch geworden ist. Anders gesagt, die Deutung des paranoiden Persönlichkeitsstils steht an (= Konfrontation). Sie sagen: „Also, hör zu, ich mag dich sehr und glaube, du siehst die Welt und die Mitmenschen bedrohlicher, als sie sind. Vielleicht hat man dir das früher so beigebracht. Eventuell hast du auch einigen Mist zu Hause erlebt. Lass uns jetzt mal darüber reflektieren." Er (ausnahmsweise entspannt): „Hm, wie kommst du denn darauf? (Pause) Na gut, ich fang mal an. Also, früher …" Ein sehr privates und tief greifendes Gespräch ergibt sich. Wenig später erklären Sie dem anderen einige Grundlagen zur paranoiden Persönlichkeit, er hört zu, denkt nach. Nach dem Dialog fahren Sie mit einem Lächeln im Gesicht nach Hause; ein gutes Gefühl.

Am nächsten Tag sehen Sie beide sich wieder. *Jetzt wird alles anders,* denken Sie bei sich. Ihr Freund schreitet direkt auf Sie zu und blökt: „Was war das denn für ein Psycho-Scheiß gestern!" – „Äh, äh!", stammeln Sie ihm entgegen. Er macht auf dem Absatz kehrt und geht. Sie verstehen die Welt nicht mehr. Warum ist das so?

Nach dem anregenden Gespräch über seinen Persönlichkeitsstil hat er sich über Nacht sehr viele Gedanken gemacht. Sein Weltbild wurde völlig auf den Kopf gestellt. *Die Mitmenschen sollen nur deshalb feindselig erscheinen, weil ich lediglich verinnerlichte ambivalente Objekte aus meiner Kindheit auf sie projiziere? Das kann nicht sein, oder doch?*

Weil so eine Erfahrung – ein ehrlicher Blick in die eigene Seele – nicht auf einmal zu verkraften ist, kommt wenig später mit Macht wieder die ganze charakterliche Schwierigkeit daher, und meistens noch ein bisschen heftiger als zuvor. Eine ganz normale menschliche Reaktion. Diesem Sturm der Affekte müssen Sie standhalten – ohne Gegenschläge.

Denken Sie in solchen Situationen daran, dass Ihr Gegenüber nicht Sie als Person angreift, sondern das von ihm selbst projizierte Bild (aus der Vergangenheit). Sie dienen also „nur" als Aggressionsventil, als „Kopie des wahren Schuldigen".

Doch ich kann Ihnen Mut machen: Der stete Tropfen höhlt bekanntlich den Stein. Das bedeutet hoffentlich, infolge weiterer ethisch-korrekter Bemühungen (Anpassung an die Spielregeln, gut dosierte Konfrontation) wird sich der schwierige Mensch, den Sie so sehr mögen, letztlich ändern – zum Guten. Dafür braucht es aber Humor, philosophische Gelassenheit, Engagement und einen starken Willen.

Literatur

Adler, A. (1927/2001). *Menschenkenntnis (34. Aufl.)*. Frankfurt a.M.: Fischer.

Asendorpf, J. B. (2005). *Psychologie der Persönlichkeit (3. Aufl.)* Heidelberg: Springer.

Barnow, S. (Hrsg.). (2008). *Persönlichkeitsstörungen: Ursachen und Behandlung*. Bern: Hans Huber.

Bauer, J. (2007a). *Warum ich fühle, was du fühlst (6. Aufl.)*. München: Heyne.

Bauer, J. (2007b). *Prinzip Menschlichkeit. Warum wir von Natur aus kooperieren (3. Aufl.)*. Hamburg: Hoffmann & Campe.

Berne, E. (1964/2005). *Spiele der Erwachsenen. Psychologie der menschlichen Beziehungen (5. Aufl.)*. Reinbek: Rowohlt.

Bowlby, J. (1982). *Attachement and loss. Attachement (2. Edition)*. New York: Basic Books.

Costa, P. T. & McCrae, R. R. (1985). *The NEO Personality Inventory. Manual Form S and Form R*. Odessa, FL: Psychological Assessment Ressources.

Damm, M. (2006a). *Psychologie der Kommunikation. Erfolgreich Partnersuche, Zweierbeziehung und Berufsalltag meistern (2. Aufl.)*. Paderborn: Junfermann.

Damm, M. (2006b). *Psychologie der Eifersucht. Ursachen, Formen und Wege aus der Eifersuchtsfalle*. Paderborn: Junfermann.

Damm, M. (2007). *Frei von Ängsten. Sich neuen Lebensmöglichkeiten öffnen*. Freiburg i.B.: Herder.

Dehner, R. & U. (2007). *Schluss mit diesen Spielchen. Manipulationen im Alltag erkennen und dagegen vorgehen*. Frankfurt a.M.: Campus.

Diagnostisches und Statistisches Manual Psychischer Störungen DSM-IV (2. Aufl.). (1998). Herausgegeben von H. Saß u.a. Göttingen u.a.: Hogrefe.

Fenichel, O. (1945/2005). *Psychoanalytische Neurosenlehre (2. Band)*. Aus dem Amerikanischen. Gießen: Psychosozial-Verlag.

Fiedler, P. (2001). *Persönlichkeitsstörungen (5. Aufl.)*. Weinheim: Beltz.

Fiedler, P. (2003). *Integrative Psychotherapie bei Persönlichkeitsstörungen (2. Aufl.)*. Göttingen u.a.: Hogrefe.

Giernalczyk, T. (Hrsg.). (2005). *Zur Therapie von Persönlichkeitsstörungen (2. Aufl.)*. Tübingen: dgvt.

Glass, L. (2005). *Ich weiß, was Sie denken. Vier glasklare Methoden, Menschen zu durchschauen (6. Aufl.)*. München: Goldmann.

Goleman, D. (2007). *Soziale Intelligenz. Wer auf andere zugehen kann, hat mehr vom Leben*. Aus dem Amerikanischen. München: Droemer.

Hoffmann, S. O. (1984). *Charakter und Neurose. Ansätze zu einer psychoanalytischen Charakterologie*. Frankfurt a.M.: Suhrkamp.

Internationale Klassifikation psychischer Störungen. ICD-10 Kapitel V (F). Klinisch-diagnostische Leitlinien (5. Aufl.). (2005). Herausgegeben von H. Dilling u.a. Bern: Hans Huber.

Kernberg, O. F. (2006). *Narzißmus, Aggression und Selbstzerstörung.* Stuttgart: Klett-Cotta.

König, K. (1995). *Charakter und Verhalten im Alltag. Hinweise und Hilfen.* Göttingen & Zürich: Vandenhoeck & Ruprecht.

König, K. (2001). *Mit dem eigenen Charakter umgehen.* Düsseldorf & Zürich: Walter.

König, K. (2004). *Charakter, Persönlichkeit und Persönlichkeitsstörung.* Stuttgart: Klett-Cotta.

König, K. (2005). *Kleine psychoanalytische Charakterkunde (8. Aufl.).* Göttingen & Zürich: Vandenhoeck & Ruprecht.

Lelord, F. & André, C. (2005). *Der ganz normale Wahnsinn. Vom Umgang mit schwierigen Menschen (3. Aufl.).* Leipzig: Kiepenheuer.

Mentzos, S. (2004). *Hysterie. Zur Psychodynamik unbewusster Inszenierungen.* Göttingen & Zürich: Vandenhoeck & Ruprecht.

Mentzos, S. (2005). *Neurotische Konfliktverarbeitung (19. Aufl.).* Frankfurt a. M.: Fischer.

Merod, R. (2005). Psychische Gesundheit, Persönlichkeitsstil und Persönlichkeitsstörung. In: R. Merod (Hrsg.). *Behandlungen von Persönlichkeitsstörungen. Ein schulübergreifendes Handbuch.* Tübingen: dgvt.

Moeller, M. L. (2002). *Die Wahrheit beginnt zu zweit.* Reinbek: Rowohlt.

Mühlisch, S (2007). *Fragen der Körpersprache. Antworten zur non-verbalen Kommunikation.* Paderborn: Junfermann.

Neudeck, P. & Wittchen, H.-U. (Hrsg.). (2005). *Konfrontationstherapie bei psychischen Störungen: Theorie und Praxis.* Göttingen u.a.: Hogrefe.

Nissen, G. (Hrsg.). (2000). *Persönlichkeitsstörungen. Ursachen – Erkennung – Behandlung.* Stuttgart u.a.: Kohlhammer.

Oldham, J. M. & Morris, L. B. (2007). *Ihr Persönlichkeitsportrait.* Aus dem Amerikanischen. Eschborn: Dietmar Klotz.

Rattner, J. (1998). *Charakterstudien.* Jahrbuch für Verstehende Tiefenpsychologie und Kulturanalyse. Berlin: Verlag für Tiefenpsychologie.

Rattner, J. (1999). *Anleitung zum Umgang mit schwierigen Menschen.* Augsburg: Bechtermünz.

Rattner, J. & Danzer, G. (2000). *Grundbegriffe der Tiefenpsychologie.* Darmstadt: Wissenschaftliche Buchgesellschaft.

Rattner, J. & Danzer, G. (2003). *Erziehung zur Persönlichkeit.* Darmstadt: Wissenschaftliche Buchgesellschaft.

Reich, W. (1933/2002). *Charakteranalyse (7. Aufl.).* Köln: Kiepenheuer & Witsch.

Riemann, F. (1961/1999). *Grundformen der Angst (32. Aufl.).* München: Reinhardt.

Rodenberg, H.-P. (1999). *Ernest Hemingway (3. Aufl.)*. Reinbek: Rowohl.

Roth, G. (2003). *Fühlen, Denken, Handeln. Wie das Gehirn unser Verhalten steuert*. Frankfurt a. M.: Suhrkamp.

Roth, G. (2007). *Persönlichkeit, Entscheidung und Verhalten. Warum es so schwierig ist, sich und andere zu verstehen*. Stuttgart: Klett-Cotta.

Sachse, R. (2001). *Psychologische Psychotherapie der Persönlichkeitsstörungen (3. Aufl.)*. Göttingen u. a.: Hogrefe.

Sachse, R. (2004). *Persönlichkeitsstörungen. Leitfaden für die Psychologische Therapie*. Göttingen u. a.: Hogrefe.

Sachse, R. (2006). *Persönlichkeitsstörungen verstehen. Zum Umgang mit schwierigen Klienten*. Bonn: Psychiatrie-Verlag.

Schmidbauer, W. (1977/2005). *Hilflose Helfer. Über die seelische Problematik der helfenden Berufe (14. Aufl.)*. Reinbek: Rowohlt.

Schulz von Thun, F. (2001). *Miteinander reden 2. Stile, Werte und Persönlichkeitsentwicklung*. Reinbek: Rowohlt.

Schulz von Thun, F. (2007). *Miteinander reden. Fragen und Antworten*. Reinbek: Rowohlt.

Seligman, M. (2000). *Erlernte Hilflosigkeit*. Weinheim: Beltz.

Shapiro, D. (1965). *Neurotic Styles*. New York: Basic Books.

Sutton, R. L. (2007). *Der Arschloch-Faktor. Vom geschickten Umgang mit Aufschneidern, Intriganten und Despoten im Unternehmen*. Aus dem Amerikanischen. Wien: Hanser.

Tölle, R. & Windgassen, K. (2006). *Psychiatrie (14. Aufl.)*. Heidelberg: Springer.

Tress, W., Wöller, W., Hartkamp, N., Langenbach, M. & Ott, J. (2002). *Persönlichkeitsstörungen. Leitlinie und Quellentext*. Stuttgart: Schattauer.

van der Does, W. & van Straaten, P. (2008). *So bin ich nun mal!* Aus dem Niederländischen. Zürich: Oesch.

von Xylander, E. (1958/1972). *Vom Umgang mit schwierigen Menschen*. München: Reinhardt.

Willi, J. (1975/2001). *Die Zweierbeziehung. Spannungsursachen – Störungsmuster – Klärungsprozesse – Lösungsmodelle (13. Aufl.)*. Reinbek: Rowohlt.

Wilson, T. D. (2007). *Gestatten, mein Name ist Ich. Das adaptive Unbewusste – eine psychologische Entdeckungsreise*. Aus dem Amerikanischen. München & Zürich: Pendo.

Young, J. E., Klosko, J. & Weishaar, M. J. (2005). *Schematherapie. Ein praxisorientiertes Handbuch*. Aus dem Amerikanischen. Paderborn: Junfermann.

Young, J. E. & Klosko, J. (2006). *Sein Leben neu erfinden. Wie Sie Lebensfallen meistern*. Aus dem Amerikanischen. Paderborn: Junfermann.

Zimmermann, M. & Coryell, W. H. (1990). Diagnosing Personality Disorders in the Community. In: *Archives of General Psychiatry, 47, pp. 527–531*.